dtv

Wenn die Tage wieder kurz und die Temperaturen frostig werden, frohlocken Skifahrer und Rodelbegeisterte, warten Kinder ungeduldig auf die ersten Flocken zum Schneemannbauen und viele Erwachsene versuchen sich – oft vergebens – wieder am Schlittschuhlaufen. Doch neben idyllischen Spaziergängen an vereisten Seen und schönen Glühweinabenden gehören auch neblige Regentage, Weihnachtsstress und überflüssige Kilos nach dem großen Fest zum Winter. So finden sich in dieser stimmig komponierten Anthologie nicht nur besinnliche und heitere, sondern auch bissige, ironische und lustige Texte und Verse rund um Mensch, Natur und Tier.

Der Herausgeber *Günter Stolzenberger* ist freier Publizist und lebt in Frankfurt am Main. Bei <u>dtv</u> erschienen von ihm bereits mehrere erfolgreiche Anthologie, darunter ›Tucholsky. Dürfen darf man alles‹ (14011) und ›Busch. Und überhaupt und sowieso‹ (14177).

DAS
FRÜHLINGS
LESEBUCH

Herausgegeben
von Günter Stolzenberger

dtv

Vom Herausgeber Günter Stolzenberger
sind bei <u>dtv</u> erschienen:
Ringelnatz. Zupf dir ein Wölkchen (13822)
Tucholsky. Dürfen darf man alles (14011)
Busch. Und überhaupt und sowieso (14177)
Rilke. Es wartet eine Welt (14245)

**Ausführliche Informationen über
unsere Autoren und Bücher
finden Sie auf unserer Website
<u>www.dtv.de</u>**

Neuausgabe 2017
Erstmals erschienen 2012 in der
dtv Verlagsgesellschaft mbH & Co. KG, München
© dtv Verlagsgesellschaft mbH & Co. KG, München, 2012
Umschlagkonzept: Balk & Brumshagen
Umschlaggestaltung: buxdesign, München
Gesetzt aus der Bembo 10/12,25
Satz: Greiner & Reichel, Köln
Druck und Bindung: Druckerei C.H.Beck, Nördlingen
Gedruckt auf säurefreiem, chlorfrei gebleichtem Papier
Printed in Germany · ISBN 978-3-423-14552-7

Inhalt

WILLKOMMEN IM FRÜHLING

Er ist's

Frühling läßt sein blaues Band
Wieder flattern durch die Lüfte;
Süße, wohlbekannte Düfte
Streifen ahnungsvoll das Land.
Veilchen träumen schon,
Wollen balde kommen.
– Horch, von fern ein leiser Harfenton!
Frühling, ja du bist's!
Dich hab' ich vernommen!

Eduard Mörike

Heinrich Heine

Frühling im Herzen

Der Ort, wo dieses Gespräch stattfand, heißt Bogenhausen, oder Neuburghausen, oder Villa Hompesch, oder Montgelasgarten, oder das Schlössel, ja man braucht ihn nicht einmal zu nennen, wenn man von München dort hinfahren will, der Kutscher versteht uns schon an einem gewissen durstigen Augenblinzeln, an einem gewissen vorseligen Kopfnicken und ähnlichen Bezeichnungsgrimassen. Tausend Ausdrücke hat der Araber für ein Schwert, der Franzose für die Liebe, der Engländer für das Hangen, der Deutsche für das Trinken, und der neuere Athener sogar für die Orte, wo er trinkt. Das Bier ist an besagtem Orte wirklich sehr gut, selbst im Prytaneum, vulgo Bockkeller, ist es nicht besser, es schmeckt ganz vortrefflich, besonders auf jener Treppenterrasse, wo man die Tiroler Alpen vor Augen hat. Ich saß dort oft vorigen Winter und betrachtete die schneebedeckten Berge, die, glänzend in der Sonnenbeleuchtung, aus eitel Silber gegossen zu sein schienen.

Es war damals auch Winter in meiner Seele, Gedanken und Gefühle waren wie eingeschneit, es war mir so verdorrt und tot zu Mute, dazu kam die leidige Politik, die Trauer um ein liebes gestorbenes Kind, und ein alter Nachärger und der Schnupfen. Außerdem trank ich viel Bier, weil man mich versicherte, das gäbe leichtes Blut. Doch der beste attische Breihahn wollte nicht fruchten bei mir, der ich mich in England schon an Porter gewöhnt hatte.

Endlich kam der Tag, wo alles ganz anders wurde. Die Sonne brach hervor aus dem Himmel und tränkte die Erde, das alte Kind, mit ihrer Strahlenmilch, die Berge schauerten vor Lust, und ihre Schneetränen flossen gewaltig, es krachten und brachen die Eisdecken der Seen, die Erde schlug die blauen Augen auf, aus ihrem Busen quollen hervor die liebenden Blumen und die klingenden Wälder, die grünen Paläste der Nachtigallen, die ganze Natur lächelte, und dieses Lächeln hieß Frühling. Da begann auch in mir ein neuer Frühling, neue Blumen sproßten aus dem Herzen, Freiheitsgefühle, wie Rosen, schossen hervor, auch heimliches Sehnen, wie junge Veilchen, dazwischen freilich manch unnütze Nessel. Über die Gräber meiner Wünsche zog die Hoffnung wieder ihr heiteres Grün, auch die Melodien der Poesie kamen wieder, wie Zugvögel, die den Winter im warmen Süden verbracht und das verlassene Nest im Norden wieder aufsuchen, und das verlassene nordische Herz klang und blühte wieder wie vormals – nur weiß ich nicht, wie das alles kam. Ist es eine braune oder blonde Sonne gewesen, die den Frühling in meinem Herzen aufs neue geweckt, und all die schlafenden Blumen in diesem Herzen wieder aufgeküßt und die Nachtigallen wieder hineingelächelt? War es die wahlverwandte Natur selbst, die in meiner Brust ihr Echo suchte und sich gern darin bespiegelte mit ihrem neuen Frühlingsglanz? Ich weiß nicht, aber ich glaube, auf der Terrasse zu Bogenhausen, im Angesicht der Tiroler Alpen, geschah meinem Herzen solch neue Verzauberung. Wenn ich dort in Gedanken saß, war mirs oft, als sehe ich ein wunderschönes Jünglingsanlitz über jene Berge hervorlauschen, und ich wünschte mir Flügel, um hinzueilen nach seinem Residenzland Italien. Ich fühlte mich auch oft angeweht von Zitronen- und Orangendüften, die von den Bergen herüberwogten, schmeichelnd und verheißend, um mich hinzulocken nach Italien. Einst sogar, in der goldenen Abenddämmerung, sah ich auf der Spitze einer Alpe ihn ganz und gar, lebensgroß, den jungen Frühlingsgott, Blumen und Lorbeeren umkränzten das freudige Haupt, und mit lachendem Auge und blühendem Munde rief er: »Ich liebe Dich, komm zu mir nach Italien!«

Johann Wolfgang Goethe

MAILIED

Wie herrlich leuchtet
Mir die Natur!
Wie glänzt die Sonne!
Wie lacht die Flur!

Es dringen Blüten
Aus jedem Zweig
Und tausend Stimmen
Aus dem Gesträuch

Und Freud und Wonne
Aus jeder Brust.
O Erd, o Sonne!
O Glück, o Lust!

O Lieb, o Liebe!
So golden schön,
Wie Morgenwolken
Auf jenen Höhn!

Du segnest herrlich
Das frische Feld,
Im Blütendampfe
Die volle Welt.

O Mädchen, Mädchen,
Wie lieb ich dich!
Wie blickt dein Auge!
Wie liebst du mich!

So liebt die Lerche
Gesang und Luft,
Und Morgenblumen
Den Himmelsduft,

Wie ich dich liebe
Mit warmem Blut,
Die du mir Jugend
Und Freud und Mut

Zu neuen Liedern
Und Tänzen gibst.
Sei ewig glücklich,
wie du mich liebst!

Ulrich Bräker

DER MAI

O dieser herrliche Monat – wäre würdig dermalen mit goldenen Buchstaben aufgezeichnet zu werden – doch was will
ich sagen – er hat sich ja selbst – mit mehr als goldenen
Buchstaben – in das unermesslich große Buch der Natur
eingeschrieben – aber man vergisst – und etwa Flecken der
folgenden Monaten möchten etwa diese herrlichen Züge
wieder auslöschen – also der Nachwelt doch hier etwas
Weniges zu seinem unvergesslichen Lobe und Andenken – er
stellte uns alles so hoffnungsvoll vor Augen – so vollkommen
im Holz und im Feld – dass es eine Augen- und alle Sinnen
entzückende Herzenslust ist – von Anfang an – war die
herrlichste und fruchtbarste Witterung: zwar immer kühle
Winde, so eben recht vor die Fruchtbäume – nur einmal ein
bisschen Reif – und nur über die Alpen ein wenig Schnee –
sonst immer abwechselnd – mit warmem Sonnenschein und
den fruchtbarsten Regen – der Donner ließ sich öfters gar
anmutig hören – zwar will man hin und wieder schon von
Hagelwetter sagen – aber das Gerücht vergrößert immer
alles – wo nur etwa an einem Ort ein Schneeriesel fällt – muss
es schon ein großer Hagel gewesen sein – noch nichts von
Ungeziefer weder an den Bäumen noch in den Gärten – ich
weiß mich keines Maimonats zu erinnern in dem ich keinen
einzigen Maikäfer sah noch spürte – schwelgerisch stehen –
Baum Wald und Gebüsche – von Laub – und zu hoffenden
Früchten – alles jubelt – alles was Leben und Atem hat freut
sich, und lobet seinen Schöpfer – jedes auf seine Art – alles
freut sich seines Daseins – seines Lebens – was nicht – am
Gemüt oder am Körper krank ist – jedes Blümchen jedes

Gräslein lächet – dem Himmel der holden Sonne entgegen –
die erstorbne Mutter Erde trinkt durstig sanft rieselnde Regen ein – und tränkt unzählbare Millionen ihrer Kinder an
ihrem Busen – die alle Morgen im Silbertau perlen – holder
Mai – auch mir hast du neues Leben eingeflößt – sechzig und
zweimal habe [ich] schon deine – holde Tage durchlebt – und
mir ist als wenn ich sie das erste Mal lebe – immer bist du
mir wieder neu – o schade dass ich so oft deine Tage – achtlos
vorbei schleichen ließ – immer bist du mir schöner – werter
und erfreulicher, nein – nie will ich einen Tag mehr von dir so
achtlos dahinstreichen lassen – du öffnest mir von neuem das
unermesslich große Buch der Natur – und legst es ganz offen,
ganz lebendig vor meine Augen – so majestätisch schön – mit
glänzenden Buchstaben geschrieben – die ich ohne Brillen
lesen kann – o herrliches Buch – du bist mir mehr – wert –
als sonst alle pergamentenen und papiernen Bücher des ganzen Erdenrunds – wenn je eins mir den Allmächtigen –
den Unbegreiflichen versinnlichen, vergegenwärtigen – und
einigermaßen – sichtbar darstellen kann – so kannst es du –
o herrliches, nie ausgelesenes – nie ausstudiertes Buch – immer finde [ich] in dir neue Gotteswunder – neue Wahrhei-
ten, neues Licht – neues Leben – neuen Trost – mit tausend
Vergnügen bist du meine beständige Lektüre – studiere in dir
am frühen Morgen am hohen Mittag – am schönen Abend,
bis tief in die sternhellen Nächte hinein, göttliche Natur – die
du auch mich armes Insekt zum Dasein rufest – mir – tausend Winke gabest – mich meines Lebens zu freuen zu – mich
an deinem Busen säugtest – und an deiner Hand leitetest –
o dass ich dir nicht immer so treulich gefolget wie – ich hätte
sollen – und allemal die schlimmen Folgen meiner Verirrungen von deiner Hand büßen musste – freilich allemal erst
zu spät habe [ich] meine – Verirrungen – meine Torheiten
eingesehen und bereut – aber wie ein flatterhafter Schmet-
terling – mich grad wieder von deiner Hand entfernt – nun –

geschehen ist geschehen – aber nie mehr will ich mich von deiner Hand entfernen – gütige Natur – du sollst meine Führerin – meine liebe Lebensgefährtin sein, die noch wenigen Tage meines Daseins – du wirst ferner vor mich sorgen – ich weiß du bist vor mein Bestes besorgt – wirst auch an meinem Lebensende vor mich sorgen – wie du bei meinem Entstehn vor mich gesorgt hast – du wirst mich nicht zur Verwesung rufen – um diese schönste der Zeiten – wo du pflegst alles neu zu schaffen neu zu beleben.

Bettine von Arnim

Keine schönere Freuden

Ach ich weiß nichts besseres, ich weiß keine schönere Freuden als *die* jener erste Frühlinge, keine innigere Sehnsucht als die nach dem Aufblühen meiner Blumenknospen, keinen heißeren Durst, als der mich befiel, wenn ich mitten in der schönen blühenden Natur stand, und alles voll üppigem Gedeihen um mich her. Nichts hat freundlicher und mitleidiger mich berührt als die Sonnenstrahlen des jungen Jahr's, und wenn Du eifersüchtig sein könntest so wär' es nur auf diese Zeit, denn wahrlich ich sehne mich wieder dahin.

Eugen Roth

Erste Grille

Aus dem kalten Winterloch
Eine schwarzgelbe Grille kroch,
Um den langentbehrten, süßen
Ersten Sonnenstrahl zu grüßen.
Noch
Ein bißchen stubenkrank,
Schwank
Und auf schwachen Füßen.

Aber doch
Frühlingsblank
Saß sie auf der Rasenbank,
Saß die kleine Grille
In der großen Stille
Unterm Märzenhimmel, der
Heut zum erstenmal sich schwer,
Sonntagsschwer,
An der brausend starken Luft betrank.

Claire Goll

Erinnerung an den Pariser Frühling

Kurz vor Sonnenuntergang, an einem wärmeren Tag zwischen zwei der kältesten Wochen dieses Winters, geschah es, daß sie sich auf die Akazie vor meinem Fenster setzte. Sie schlang die Zehen um den winzigen Ast, so daß sie sich unterhalb des Zweigleins kreuzten, faltete sie wie zum Gebet. Eigentlich war es für eine Amsel noch etwas zu früh zum Singen. Aber konnte sie den ersten milden Tag unbesungen vorübergehen lassen? Fünf Uhr ist ihre hingegebenste Stunde, wenn die Dämmerung sinkt. Die Stunde, in der auch der Mensch so oft sein Schluchzen verhält.

Ich stand hinter dem Vorhang, sie war so nah, daß ich sie mit den Augen streicheln konnte. Übermütig sträubten sich die kohlschwarzen Schopffederchen, es zuckte in dem Rotbraun der Augen, nur die großen schwarzen Pupillen blieben ganz ernst. Die kostbaren, gelbgeränderten Augen, wie in goldene Reifen gefaßt, glänzten. Plötzlich machte sie – oder vielmehr er, singt doch nur das Männchen – den Schnabel auf, räusperte sich, suchte. Ein kindlicher Schrei kam aus dem goldenen Trichter heraus. Die zarten Schleimhäute, Muskeln und Stimmbänder zitterten. Ein zweiter Schrei folgte. Eine Tonleiter auf und ab, als übte sie sich, um wieder singen zu lernen nach der langen Winterpause. Und plötzlich floß ein vollkommener Ton, geschmolzenes Gold. Ah, da hatte sie ihn wieder, den bräutlichen Lockruf vom vorigen Jahr, nachdem sie erst einige Minuten lang hatte suchen müssen! Sie machte den Schnabel noch einmal so weit auf wie vorher. Die goldene Zunge, mit der die kleine Meisterin arbeitet, kam eine Sekunde lang zum Vorschein. Jetzt reihte sich ein weicher, schmelzender Lockruf an den andern. Einmal aber tönte dazwischen plötzlich, ganz unerwartet, eine dunkle Klage, ganz tiefe Trauer, wie sie selber in ihrer Witwentracht.

Erinnerte sie sich des furchtbaren Winters? Erinnerte sie sich ihrer Einsamkeit, als sie einen Augenblick lang so schwermütig in Moll auf der kleinen goldenen Flöte schluchzte? Vielleicht auch war es ein Schluchzen des Glücks? Lust und Schmerz – sind sie nicht Verwandte? Und gleich darauf brach es aus. Lock-, Angst- und Liebesrufe überstürzten sich. Da war die Seligkeit über die baldige Hochzeit, die sie feiern wird, die leidenschaftliche Vorahnung des Mai, das Spiel zu Zweien in den duftenden grünen Röcken der Büsche, das köstliche Zittern um das Weibchen, das am Abend zu spät ins Nest zurückkehrt und die weiche, väterliche Sorge um die Jungen, die Amseln werden wollen.

Der ganze Garten schwang von dem kleinen Vogel, alles wurde fromm. Ein paar schwarze Federn um ein Lied, und man liegt auf den Knien. Alles horchte. Die Fliedersträuche, der Goldregen verhielten den Atem. Sie wissen es: Wenn die erste Amsel zu singen beginnt, blüht es bald aus ihrem Herzen. Und die Amsel sang in ein paar Takten alle Sehnsucht, für die unsereiner keine Töne findet. Man wurde selbst leicht wie ein Vogel. Was für eine Macht ist ihr doch gegeben, so auszusagen, daß man den Frühling in seinem Blut klopfen hört?

In ihrem Lied wimmelte es von Veilchen. Von dunkelblauen und blassblauen, von stolzen Parma- und gemeinen Hundsveilchen, von degenerierten, duftlosen Gewächshausveilchen und verschossenen, verstaubten in den Gräben der Landstraßen, die einen wehmütigen, herben Waisengeruch ausströmen. Es roch nach Zwergnarzissen und Vorfrühlingsiris, Erdwurz und Adonis, Krokus und Schneeglöckchen, Primeln und Leberblümchen. Man hörte Drehorgeln aus der Kindheit, und man hätte gerne jemand um Verzeihung gebeten.

Kaum setzte der Vogel aus, als ein wenig entfernter ein

anderer Amselschrei erklang. Das war die Antwort. Ein junges Männchen versuchte, seine Gefühle auszudrücken. Man hörte aus dem ungeschickten Begehren, daß es zum ersten Mal um eine Amselwitwe warb. Da fehlten noch die reifen Lockrufe der älteren Amsel, die schon Kinder gehabt hat und ängstlich um Hilfe ruft, weil ihnen Gefahr droht, aufgeregt nach dem Männchen seufzt, das irgendwo im Bois de Boulogne die Schlafenszeit vergessen hat. Aber obwohl der kleine Sänger vorerst noch ein Dilettant war im Vergleich zur großen Künstlerschaft meiner Amsel, war diese doch ganz Ohr. Vielleicht wird sie sich in den jungen trällernden Anfänger verlieben? Vielleicht ist es ihr eigener Sohn, der in aller Unschuld auf diese Weise wieder in den Schoß der Mutter zurückkehrt?

Als er schwieg, begann sie wieder hymnisch zu jubeln. Eine so mächtige Freude in einem so kleinen Vogel! Wie groß er mir plötzlich erschien, allein ansingend gegen die vernichtende Dämmerung dort auf dem Schattenriß der Akazie.

Drei Straßen weiter schlich der kalte Pariser Abend einher, lautlos in Snowboots; denn am Abend sollte es wieder frieren. Aber die Amsel fürchtete sich nicht, sie hatte zu glauben begonnen. Und voller Süße sang sie weiter hinein in die Nacht ihre große Reklame für Gott.

Kurt Schwitters

Obervogelsang

Ii
Üü
Aa
  P'gikk
  P'p'gikk
Bekke Dii kee
P'p'bampédii gaal
  Ii Üü Oo Aa
Brr
Brekke Dii Kekke
Ii Üü Oo ii Aa
Nz' dott – Nz' dott
Doll
  Ee
P'gikk
Lempe Dii Krr
      Gaal
Brii Nüü Aau
    Ba Braa

Henry David Thoreau

Beim Herannahen des Frühlings

Beim Herannahen des Frühlings zogen die roten Eichhörnchen unter mein Haus. Zu zweit hielten sie sich direkt unter meinen Füßen auf, wenn ich beim Lesen oder Schreiben war, und dann fing das seltsame Gekicher und Gefiepe an, ein Glucksen und Sichüberpurzeln von Stimmen, wie ich es selten gehört habe. Stampfte ich mit dem Fuß auf, dann fiepten sie nur noch lauter, als setzten sie sich über alle Furcht und allen Respekt hinweg und trotzten der Menschheit, die ihnen ihre verrückten Possen verwehren wollte. »Aber, aber, das geht noch nicht, meine Lieben!« Sie aber waren meinen Einwendungen gegenüber gänzlich taub, konnten ihre Berechtigung nicht einsehen und schimpften unaufhaltsam darauf los.

Der erste Sperling im Frühjahr! Nie sieht das Jahr hoffnungsvoller aus als zu dieser Zeit! Das feine silberne Tirilieren des Hüttensängers über den zum Teil kahlen und feuchten Feldern das des Singsperlings und der Rotdrossel, es hörte sich an wie das leise Klingen der letzten fallenden Flocken. Was sind uns an solchen Tagen Geschichte, Chronologie, Überlieferung oder jede geschriebene Offenbarung? Die Bäche stimmen einen Lob- und Preisgesang auf den Frühling an. Die Rohrweihe schwebt im Tiefflug über die Wiesen und ist bereits dem eben erwachenden, zarten Leben auf der Spur. In allen Furchen und Mulden rieselt leise der schmelzende Schnee, und das Eis auf dem See schwindet zusehends. Das Gras flammt an den Hängen empor wie ein Frühlingsfeuer – *et primitus orbitur herba imbribus primoribus evocata* –, als sende die Erde ihre innere Glut nach oben, um die wiederkehrende

Sonne zu grüßen; nicht gelb, sondern grün ist die Farbe ihrer Flammen! Das Symbol der ewigen Jugend, der Grashalm, strömt wie ein grünes Band aus dem Wiesengrund dem Sommer entgegen; vom Frost gehemmt, doch nicht am Wachsen verhindert, richtet er, gedrängt von dem neuen Leben in der Erde, seine dürre Lanze aus dem Vorjahr auf. Er wächst so unentwegt, wie das Bächlein aus dem Boden sickert, ja, er ist fast identisch mit ihm, denn wenn mit den zunehmenden Junitagen die kleinen Bäche austrocknen, sind die Grashalme ihre Kanäle, und Jahr für Jahr trinken die Herden von diesem nie versiegenden grünen Strom, welchem auch der Schnitter beizeiten den Wintervorrat für sie entnimmt. So stirbt auch unser Menschenleben nur bis zur Wurzel und sendet weiterhin seinen grünen Halm in die Ewigkeit.

Der Waldensee schmilzt zusehends. An seinem West- und Nordufer erstreckt sich eine dreißig Fuß lange Wasserrinne, die sich auf der Ostseite noch verbreitert. Ein großes Eisfeld hat sich vom Hauptteil abgespalten. In den Büschen am Ufer tiriliert eine Singammer – *tiwitt, tiwitt, tiwitt* – *tschip, tschip, tschip, tschi, tschrr* – *tschiwiss, wiss, wiss.* Auch sie hilft beim Brechen des Eises mit. Wie hübsch sind die großen geschwungenen Kurven am Rande des Eises! Sie ähneln ein wenig denen des Ufers, nur sind sie regelmäßiger. Ein vorübergehender Kälteeinbruch hat das Eis wieder verhärtet; es ist mit Wasser überzogen und gewellt. Vergeblich streicht indessen der Wind über die undurchsichtige Fläche nach Osten, bis er jenseits die lebendige Oberfläche des Meeres erreicht. Dieses in der Sonne funkelnde Wasserband bietet einen herrlichen Anblick: es ist das unverhüllte Antlitz des Sees, voller Jugend und Heiterkeit, als wollte er die Freude der Fische in seinem Innern, die des Sandes an seinen Ufern ausdrücken. Er ist ein einziger Silberglanz, wie aus den Schuppen eines *leuciscus* geschnitten, als wäre er selbst ein munterer Fisch. Das ist der Gegensatz zwischen Winter und Frühling. Der Waldensee war tot, nun ist er wieder zum Leben erwacht. In diesem Frühjahr aber taute er langsamer auf, wie ich schon sagte.

Der Wechsel von Sturm und Winterkälte zu heiterer, milder Witterung, von dunklen, träge hinschleichenden Stunden zu hellen, beschwingten, ist ein großer Augenblick, den die ganze Natur verkündet. Endlich ist er wie durch einen Zauberschlag da. Ein Strom von Licht erfüllte plötzlich mein Haus, obwohl es dem Abend zuging, der Himmel mit Winterwolken verhangen war und Eisregen von der Dachrinne tropfte. Ich schaute zum Fenster hinaus, und siehe! Wo gestern noch eine graue Eisdecke lag, breitete sich der klare See vor mir aus. Ruhig und hoffnungsfreudig lag er da wie an einem Sommerabend und spiegelte in seinem Busen einen Sommerabendhimmel – obwohl keiner über ihm zu sehen war –, als stände er mit einem fernen Horizont in Verbindung. Ich hörte eine Wanderdrossel von fernher, die erste seit Jahrtausenden, wie mir schien; ihr Lied werde ich viele Jahrtausende und noch länger nicht vergessen – so süß und eindringlich klang es, wie eh und je. Ah, die Abenddrossel am Ende eines neuenglischen Sommertags! Wenn ich je den Zweig fände, auf dem sie sitzt! Ich meine *ihn*, ich meine *den Zweig*. Er wenigstens ist kein *Turdus migratorius*. Die Pechkiefern und Zwergeichen rings um mein Haus, die so lange ihre Zweige hängenließen, zeigten plötzlich wieder ihre verschiedenen Merkmale, sahen heller, grüner, aufrechter und lebendiger aus, als hätte sie der Regen tüchtig gereinigt und wiederhergestellt. Ich wußte, daß es nicht mehr regnen würde. Man braucht nur irgendeinen Zweig im Wald, ja nur den Holzstoß anzusehen, um zu wissen, ob der Winter vorüber ist oder nicht. Als es dunkelte, wurde ich vom *Trompeten* der Wildgänse überrascht, die tief über den Wäldern flogen wie müde Wanderer, die spät von südlichen Seen eintrafen und sich endlich ungehindert ihren Klagen und gegenseitigen Tröstungen überlassen durften. Da ich vor der Tür stand, hörte ich das Rauschen ihrer Flügel; als sie aber auf mein Haus zukamen und plötzlich mein Licht erblickten, verstummten sie und schwenkten zum See ab, auf dem sie sich niederließen. Ich aber ging ins Haus, schloß die Tür und schlief meine erste Frühlingsnacht im Wald.

Fred Endrikat

FRÜHER FRÜHLING

Zwischen Februar und März
liegt die große Zeitenwende,
und, man spürt es allerwärts,
mit dem Winter geht's zu Ende.
Schon beim ersten Sonnenschimmer
steigt der Lenz ins Wartezimmer.
Keiner weiß, wie es geschah,
und auf einmal ist er da.

Manche Knospe wird verschneit
zwar im frühen Lenz auf Erden.
Alles dauert seine Zeit,
nur Geduld, es wird schon werden.
Folgt auch noch ein rauher Schauer,
lacht der Himmel um so blauer.
Leichter schlägt das Menschenherz
zwischen Februar und März.

Rainer Maria Rilke

Josephifest

Im Februar dieses Jahres war noch viel Winter gewesen; allein im März gab es einen Feiertag – es war das Josephifest –, der alle Welt toll machte. Nicht nur daß der Schnee nur da und dort noch an Hügeln und Bahndämmen, vergessen und verachtet, lag,– ein Grünen war über die befreiten Wiesen gekommen, und über Nacht wiegten sich in dem lauen, lichterjagenden Wind gelbe Kätzchen an den langen, kahlen Ruten.

Da war Luisa ausgegangen, um in der Kirche von Loretto bei dem großen Mittagshochamt zu beten. Aber sie war dann kaum konnte sie sagen wie, an dem lockenden Glockenspiel der Kapuziner vorübergewandert und hatte erst aufgesehen, als sie hinter dem Baumgarten in einer der weiten einsamen Alleen stand und die Arme ausbreitete. Sie empfand, wie sehr sie alles um sich liebte, wie sehr das alles zu ihr gehörte, und daß dieses leise, freudige Werden mit seinem heimlichen Glück und seiner süßen Sehnsucht ihr Schicksal sei, nicht aber das, was Menschen in dunklem Drange wollten und irrten.

Auf dem Heimwege kamen ihr die lichten Schwärme fröhlicher Menschen entgegen, und da blieb sie lächelnd stehen und schaute über die helle, lebende Landschaft: Man konnte nicht glauben, daß alle diese lachenden Scharen wieder Raum finden würden in den engen Häusern drüben. Das macht: jeder von ihnen ist über sich selbst hinausgewachsen in den schimmernden Tag, den er kaum auf den Schultern spürt. Und der leuchtende Himmel wirft seinen goldenen Glanz so reich und rasch über die Menschen und Dinge, daß sie vergessen, ihre alltäglichen Schatten zu haben, und selber Licht sind in dem flimmernden Land. –

Ernst Jandl

GEHEN SCHAUEN

gehen schauen ob schneeglöckchen schon
kommen seien in parken, läuten den
frühling ein

und dann da werden sein primeln und veilchen und
fliederbuschen lilae und weißen
und mit dem triton wieder werden fahren ich
und läuten mit den glocke von triton

Komm mit, die Sonne scheint

Frische Fahrt

Laue Luft kommt blau geflossen,
Frühling, Frühling soll es sein!
Waldwärts Hörnerklang geschossen,
Mut'ger Augen lichter Schein;
Und das Wirren bunt und bunter
Wird ein magisch wilder Fluß,
In die schöne Welt hinunter
Lockt dich dieses Stromes Gruß.

Und ich mag mich nicht bewahren!
Weit von euch treibt mich der Wind,
Auf dem Strome will ich fahren,
Von dem Glanze selig blind!
Tausend Stimmen lockend schlagen,
Hoch Aurora flammend weht,
Fahre zu! ich mag nicht fragen,
Wo die Fahrt zu Ende geht!

Joseph von Eichendorff

Jean Paul

DER FRÜHLING IST AM ALLERSCHÖNSTEN

Die Abdankung des Nachtwächters trieb ihn endlich aus dem Schlafsessel in den gestirnten, wehenden Morgen hinaus. Er schlich aber vorher noch einmal in die Kammer an das heiß-träumende Rosenmädchen, drückte ein Fenster zu, dessen kalte Zugluft heimlich ihr wehrloses Herz anfiel, und hielt seine nahen Lippen vom weckenden Kusse ab und sah sie bloß so gut an, als es das Sternenlicht und das blasse Morgen-rot erlaubten, bis er das zu dunkel werdende Auge beim Gedanken wegwandte: ich sehe sie vielleicht zum letztenmal.

Bei dem Durchgange durch die Stube sah ihn ordentlich ihr Flachsrocken mit seinen breiten farbigen Papierbändern, womit sie ihn aus Mangel an Seidenband zierlich umwickelt hatte, und ihr stilles Spinnrad an, das sie gewöhnlich in dunk-ler Morgen- und Abendzeit, wo nicht gut zu nähen war, zu treten gepflegt; und als er sich vorstellte, wie sie während seiner Abwesenheit ganz einsam das Rädchen und die Flöck-chen so eifrig handhaben werde: so riefen alle Wünsche in ihm: es gehe der Armen doch gut, und immer, wenn ich sie auch wieder sehe.

Dieser Gedanke des letzten Mals wurde draußen noch lebhafter durch den kleinen Schwindel, den die Wallungen und der Abbruch des Schlummers ihm in den physischen Kopf setzten; und durch das wehmütige Zurückblicken auf sein weichendes Haus, auf die verdunkelte Stadt und auf die Verwandlung des Vorgrunds in einen Hintergrund und auf das Entfliehen der Spaziergänge und aller Höhen, auf denen er oft sein erstarrtes, in den vorigen Winter eingefrornes Herz warm getragen hatte. Hinter ihm fiel das Blatt, worauf er sich als Blattwickler und Minierraupe herumgekäuet hatte, als *Blätterskelett* herab.

Aber die erste *fremde* Erde, die er noch mit keinen Stationen seines Leidens bezeichnet hatte, sog schon, wie Schlangenstein, aus seinem Herzen einige scharfe Gifttropfen des Grams.

Nun schoß die Sonnenflamme immer näher herauf an die entzündeten Morgenwolken – endlich gingen am Himmel und in den Bächen und in den Teichen und in den blühenden Taukelchen hundert Sonnen miteinander auf, und über die Erde schwammen tausend Farben, und aus dem Himmel brach ein einziges lichtes Weiß.

Das Schicksal pflückte aus Firmians Seele, wie Gärtner im Frühling aus Blumen, die meistens alten, gelben, welken Blättchen aus. – Durch das Gehen nahm das Schwindeln mehr ab als zu. In der Seele stieg eine überirdische Sonne mit der zweiten am Himmel. In jedem Tal, in jedem Wäldchen, auf jeder Höhe warf er einige pressende Ringe von der engen Puppe des winterlichen Lebens und Kummers ab und faltete die nassen Ober- und Unterflügel auf und ließ sich von den Mailüften mit vier ausgedehnten Schwingen in den Himmel unter tiefere Tagschmetterlinge und über höhere Blumen wehen.

Aber wie kräftig fing das bewegte Leben an, in ihm zu gären und zu brausen, da er aus der Diamantgrube eines Tales voll Schatten und Tropfen herausstieg, einige Stufen unter dem Himmeltore des Frühlings. – Wie aus dem Meere, und noch naß, hatte ein allmächtiges Erdbeben eine unübersehliche, neugeschaffne, in Blüte stehende Ebene mit jungen Trieben und Kräften heraufgedrängt – das Feuer der Erde loderte unter den Wurzeln des weiten hangenden Gartens, und das Feuer des Himmels flammte herab und brannte den Gipfeln und Blumen die Farben ein – zwischen den Porzellantürmen weißer Berge standen die gefärbten blühenden Höhen als Throngerüste der Fruchtgöttinnen – über das weite Lustlager zogen sich Blütenkelche und schwüle Tropfen als bevölkerte Zelte hinauf und hinab, der Boden war mit wimmelnden Bruttafeln von Gräsern und kleinen Herzen belegt, und ein Herz ums andere riß sich geflügelt oder mit Floßfedern oder mit Fühlfäden aus den heißen Brutzellen der Natur empor und sumste und sog und schnalzte und sang, und für jeden Honigrüssel war schon lange der Freudenkelch aufgetan. – Nur das Schoßkind der unendlichen Mutter, der Mensch, stand allein mit hellen frohen Augen auf dem Marktplatz der lebendigen Sonnenstadt voll Glanz und Lärm und schauete trunken rund herum in alle unzählige Gassen. – Aber seine ewige Mutter ruhte verhüllt in der Unermeßlichkeit, und nur an der Wärme, die an sein Herz ging, fühlte er, daß er an ihrem liege …

Firmian ruhte in einer Bauerhütte von diesem zweistündigen Rausch des Herzens aus. Der brausende Geist dieses Freudenkelchs stieg einem Kranken wie ihm leichter in das Herz, wie andern Kranken in den Kopf.

Als er wieder ins Freie trat, lösete sich der Glanz in Helle auf, die Begeisterung in Heiterkeit. Jeder rote hängende Maikäfer und jedes rote Kirchendach und jeder schillernde Strom, der Funken und Sterne sprühte, warf fröhliche Lichter und hohe Farben in seine Seele. Wenn er in den laut atmenden und schnaubenden Waldungen das Schreien der Köhler und das Widerhallen der Peitschen und das Krachen fallender Bäume vernahm – wenn er dann hinaustrat und die weißen Schlösser anschauete und die weißen Straßen, die wie Sternbilder und Milchstraßen den tiefen Grund aus Grün durchschnitten, und die glänzenden Wolkenflocken im tiefen Blau – und wenn die Funkenblitze bald von Bäumen tropften, bald aus Bächen stäubten, bald über ferne Sägen glitten: – so konnte ja wohl kein dunstiger Winkel seiner Seele, keine umstellte Ecke mehr ohne Sonnenschein und Frühling bleiben, das nur im feuchten Schatten wachsende Moos der nagenden zehrenden Sorge fiel im Freien von seinen Brot- und Freiheitbäumen ab, und seine Seele mußte ja in die tausend um ihn fliegenden und sumsenden Singstimmen ein- fallen und mitsingen: das Leben ist schön, und die Jugend ist noch schöner, und der Frühling ist am allerschönsten.

Joseph von Eichendorff

In die weite Welt

Das Rad an meines Vaters Mühle brauste und rauschte schon wieder recht lustig, der Schnee tröpfelte emsig vom Dache, die Sperlinge zwitscherten und tummelten sich dazwischen; ich saß auf der Türschwelle und wischte mir den Schlaf aus den Augen; mir war so recht wohl in dem warmen Sonnenscheine. Da trat der Vater aus dem Hause; er hatte schon seit Tagesanbruch in der Mühle rumort und die Schlafmütze schief auf dem Kopfe, der sagte zu mir: »Du Taugenichts! da sonnst du dich schon wieder und dehnst und reckst dir die Knochen müde, und läßt mich alle Arbeit allein tun. Ich kann dich hier nicht länger füttern. Der Frühling ist vor der Tür, geh auch einmal hinaus in die Welt und erwirb dir selber dein Brot.« – »Nun«, sagte ich, »wenn ich ein Taugenichts bin, so ist's gut, so will ich in die Welt gehen und mein Glück machen.« Und eigentlich war mir das recht lieb, denn es war mir kurz vorher selber eingefallen, auf Reisen zu gehn, da ich die Goldammer, welche im Herbst und Winter immer betrübt an unserm Feuer sang: »Bauer, miet mich, Bauer miet mich!« nun in der schönen Frühlingszeit wieder ganz stolz und lustig vom Baume rufen hörte: »Bauer, behalt deinen Dienst!« – Ich ging also in das Haus hinein und holte meine Geige, die ich recht artig spielte, von der Wand, mein Vater gab mir noch einige Groschen Geld mit auf den Weg und so schlenderte ich durch das lange Dorf hinaus. Ich hatte recht meine heimliche Freude, als ich da alle meine alten Bekannten und Kameraden rechts und links, wie gestern und vorgestern und immerdar, zur Arbeit hinausziehen, graben und pflügen sah, während ich so in die freie Welt hinausstrich. Ich rief den armen Leuten nach allen Seiten recht stolz und zufrieden Adjes zu, aber es kümmerte sich eben keiner sehr darum. Mir war es wie ein ewiger Sonntag im Gemüte. Und als ich endlich ins freie Feld hinauskam, da nahm ich meine liebe Geige vor, und spielte und sang, auf der Landstraße fortgehend:

>>Wem Gott will rechte Gunst erweisen,
Den schickt er in die weite Welt,
Dem will er seine Wunder weisen
In Berg und Wald und Strom und Feld.

Die Trägen, die zu Hause liegen,
Erquicket nicht das Morgenrot,
Sie wissen nur vom Kinderwiegen,
Von Sorgen, Last und Not um Brot.

Die Bächlein von den Bergen springen,
Die Lerchen schwirren hoch vor Lust,
Was sollt ich nicht mit ihnen singen
Aus voller Kehl und frischer Brust?

Den lieben Gott laß ich nur walten;
Der Bächlein, Lerchen, Wald und Feld
Und Erd und Himmel will erhalten,
Hat auch mein' Sach' aufs best bestellt!<<

Indem, wie ich mich so umsehe, kömmt ein köstlicher Reise-wagen ganz nahe an mich heran, der mochte wohl schon einige Zeit hinter mir dreingefahren sein, ohne daß ich es merkte, weil mein Herz so voller Klang war, denn es ging ganz langsam, und zwei vornehme Damen steckten die Köpfe aus dem Wagen und hörten mir zu. Die eine war besonders schön und jünger als die andere, aber eigentlich gefielen sie mir alle beide. Als ich nun aufhörte zu singen, ließ die ältere stillhalten und redete mich holdselig an: »Ei, lustiger Gesell, Er weiß ja recht hübsche Lieder zu singen.« Ich nicht zu faul dagegen: »Ew. Gnaden aufzuwarten, wüßt ich noch viel schönere.« Darauf fragte sie mich wieder: »Wohin wandert Er denn schon so am frühen Morgen?« Da schämte ich mich, daß ich das selber nicht wußte, und sagte dreist: »Nach Wien«; nun sprachen beide miteinander in einer fremden Sprache, die ich nicht verstand. Die jüngere schüttelte einigemal mit dem Kopfe, die andere lachte aber in einem fort und rief mir endlich zu: »Spring Er nur hinten mit auf, wir fahren auch nach Wien.« Wer war froher als ich! Ich machte eine Reverenz und war mit einem Sprunge hinter dem Wagen, der Kutscher knallte und wir flogen über die glänzende Straße fort, daß mir der Wind am Hute pfiff.

Novalis

Die blaue Blume

Die Eltern lagen schon und schliefen, die Wanduhr schlug ihren einförmigen Takt, vor den klappernden Fenstern sauste der Wind; abwechselnd wurde die Stube hell von dem Schimmer des Mondes. Der Jüngling lag unruhig auf seinem Lager, und gedachte des Fremden und seiner Erzählungen. »Nicht die Schätze sind es, die ein so unaussprechliches Verlangen in mir geweckt haben«, sagte er zu sich selbst; »fern ab liegt mir alle Habsucht: aber die blaue Blume sehn' ich mich zu erblicken. Sie liegt mir unaufhörlich im Sinn, und ich kann nichts anderes dichten und denken. So ist mir noch nie zumute gewesen: es ist, als hätt ich vorhin geträumt, oder ich wäre in eine andere Welt hinübergeschlummert; denn in der Welt, in der ich sonst lebte, wer hätte da sich um Blumen bekümmert, und gar von einer so seltsamen Leidenschaft für eine Blume hab' ich damals nie gehört. Wo eigentlich nur der Fremde herkam? Keiner von uns hat je einen ähnlichen Menschen gesehn; doch weiß ich nicht, warum nur ich von seinen Reden so ergriffen worden bin; die andern haben ja das nämliche gehört, und keinem ist so etwas begegnet. Daß ich auch nicht einmal von meinem wunderlichen Zustande reden kann! Es ist mir oft so entzückend wohl, und nur dann, wenn ich die Blume nicht recht gegenwärtig habe, befällt mich so ein tiefes, inniges Treiben: das kann und wird keiner verstehn. Ich glaubte, ich wäre wahnsinnig, wenn ich nicht so klar und hell sähe und dächte, mir ist seitdem alles viel bekannter. Ich hörte einst von alten Zeiten reden; wie da die Tiere und Bäume und Felsen mit den Menschen gesprochen hätten. Mir ist gerade so, als wollten sie allaugenblicklich anfangen, und als könnte ich es ihnen ansehen, was sie mir sagen wollten. Es muß noch viel Worte geben, die ich nicht weiß: wüßte ich mehr, so könnte ich viel besser alles begreifen. Sonst tanzte ich gern; jetzt denke ich lieber nach der Musik.« Der Jüngling verlor sich allmählich in süßen Phantasien und entschlummerte. Da träumte ihm erst von unabsehlichen Fernen, und wilden, unbekannten Gegenden. Er wanderte über Meere mit unbegreiflicher Leichtigkeit; wunderliche Tiere sah er; er lebte mit mannigfaltigen Menschen, bald im Kriege, in wildem Getümmel, in stillen Hütten. Er geriet in Gefangenschaft und die schmählichste Not. Alle Empfindungen stiegen bis zu einer niegekannten Höhe in ihm. Er durchlebte ein unendlich buntes Leben; starb und kam wieder, liebte bis zur höchsten Leidenschaft, und war dann wieder auf ewig von seiner Geliebten getrennt. Endlich gegen Morgen, wie draußen die Dämmerung anbrach, wurde es stiller in seiner Seele, klarer und bleibender wurden die Bilder. Es kam ihm vor, als ginge er in einem dunkeln Walde allein. Nur selten schimmerte der Tag durch das grüne Netz. Bald kam er vor eine Felsenschlucht, die bergan stieg. Er mußte über bemooste Steine klettern, die ein ehemaliger Strom herunter gerissen hatte. Je höher er kam, desto lichter wurde der Wald. Endlich gelangte er zu einer kleinen Wiese, die am Hange des Berges lag. Hinter der Wiese erhob sich eine hohe Klippe, an deren Fuß er eine Öffnung erblickte, die der Anfang eines in den Felsen gehauenen Ganges zu sein schien. Der Gang führte ihn gemächlich eine Zeitlang eben fort, bis zu einer großen Weitung, aus der ihm schon von fern ein helles Licht entgegen glänzte. Wie er hineintrat, ward er einen mächtigen Strahl gewahr, der wie aus einem Springquell bis an die Decke des Gewölbes stieg, und oben in unzählige Funken zerstäubte, die sich unten in einem großen Becken sammelten; der Strahl glänzte wie entzündetes Gold; nicht das mindeste Geräusch war zu hören, eine heilige Stille umgab das herrliche Schauspiel. Er näherte sich dem Becken, das mit unendlichen Farben wogte und zitterte. Die Wände der Höhle waren mit dieser Flüssigkeit überzogen, die nicht heiß, sondern kühl war, und an den Wänden nur ein mattes, bläuliches Licht von sich warf. Er tauchte seine Hand in das Becken und benetzte seine Lippen. Es war, als durchdränge ihn ein geistiger Hauch, und er fühlte sich innigst gestärkt und erfrischt. Ein unwiderstehliches Verlangen ergriff ihn sich zu baden, er entkleidete sich und stieg in das Becken. Es dünkte ihn, als umflösse ihn eine Wolke des Abendrots; eine himmlische Empfindung überströmte sein Inneres; mit inniger Wollust strebten unzählbare Gedanken in ihm sich zu vermischen; neue, niegesehene Bilder entstanden, die auch ineinanderflossen und zu sichtbaren Wesen um ihn wurden, und jede Welle des lieblichen Elementes schmiegte sich wie ein zarter Busen an ihn. Die Flut schien eine Auflösung reizender Mädchen, die an dem Jünglinge sich augenblicklich verkörperten.

Berauscht von Entzücken und doch jedes Eindrucks bewußt, schwamm er gemach dem leuchtenden Strome nach, der aus dem Becken in den Felsen hineinfloß. Eine Art von süßem Schlummer befiel ihn, in welchem er unbeschreibliche Begebenheiten träumte, und woraus ihn eine andere Erleuchtung weckte. Er fand sich auf einem weichen Rasen am Rande einer Quelle, die in die Luft hinausquoll und sich darin zu verzehren schien. Dunkelblaue Felsen mit bunten Adern erhoben sich in einiger Entfernung; das Tageslicht, das ihn umgab, war heller und milder als das gewöhnliche, der Himmel war schwarzblau und völlig rein. Was ihn aber mit voller Macht anzog, war eine hohe lichtblaue Blume, die zunächst an der Quelle stand, und ihn mit ihren breiten, glänzenden Blättern berührte. Rund um sie her standen unzählige Blumen von allen Farben, und der köstliche Geruch erfüllte die Luft. Er sah nichts als die blaue Blume, und betrachtete sie lange mit unnennbarer Zärtlichkeit. Endlich wollte er sich ihr nähern, als sie auf einmal sich zu bewegen und zu verändern anfing; die Blätter wurden glänzender und schmiegten sich an den wachsenden Stengel, die Blume neigte sich nach ihm zu, und die Blütenblätter zeigten einen blauen ausgebreiteten Kragen, in welchem ein zartes Gesicht schwebte. Sein süßes Staunen wuchs mit der sonderbaren Verwandlung, als ihn plötzlich die Stimme seiner Mutter weckte, und er sich in der elterlichen Stube fand, die schon die Morgensonne vergoldete. Er war zu entzückt, um unwillig über diese Störung zu sein; vielmehr bot er seiner Mutter freundlich guten Morgen und erwiderte ihre herzliche Umarmung.

Ludwig Eichrodt

LOB DER NATUR

Wie ist die Gotteswelt so schön,
Wenn man gerade Glieder hat,
Gut hören tut und richtig sehn,
So schön ist es in keiner *Stadt*.

Die Quellen hupfen von der Höh',
Auch Wasser ist ein guter Schluck!
Die Hasen fliehen durch den Klee
Und bilden einen Gegendschmuck.

Wie wächst der Wald beim Drosselschlag,
Zumeist in milder Jahreszeit,
Das Herz erquickt der Feldertrag,
Und auch der »Ochsen« ist nicht weit.
Dort schlenkern sie das Fleischskelett,
Der Wadenfreund hat sein Pläsier,
Vor Freuden giegst das Bodenbrett,
Und trefflich munden Wein und Bier.
Drum labet euch in der Natur,
Dann habt ihr nicht so viel Verdruß,
Der Redliche folgt ihrer Spur,
Und oft auch der Herr Physikus.

Peter Kurzeck

Auf und davon

Siehst du, da gehen sie! Immer deutlicher ihre wandernden
Schatten auf der Schosseeh. Richtig warm ist es schon in der
Sonne. Es gibt solche Tage hier, Ende Februar, Anfang März:
da lockt es dich, alles liegen- und stehenzulassen. Und gleich
auf und davon! Als ob du es immer gewollt hättest, vorgehabt
und von je her gewußt und nur auf den richtigen Tag ge-
wartet: Gehen und gehen in diesem Licht. Du bist vielleicht
mittags mit einer Axt aus dem Wald gekommen und über die
Hügel. Unter den Bäumen die Schosseeh entlang, mit der Axt,
mit deinen Sorgen und dem Goldklumpen, den Gewichten
und Ketten oder was du mit dir herumschleppst, nachdem
du sieben Jahre und sieben Jahre und noch einmal sieben
Jahre lang treu gedient und hast jetzt vergessen in welchem
Märchen, Zinnsoldat, Müllerbursche oder Ausfeger bei den
Zwergen? Die Berge mit ihren vertrauten Gesichtern rücken
vor dir zusammen, wohnen Menschen auch hinter den Bergen. Weiß und wirklich die Wege; die Erde ist eben erwacht.
Das ist die Ferne, die ruft und ruft, das Leben selbst. Du hast es
vergessen gehabt. Gegen Abend wird der Himmel hoch und
leer und verliert seine Farbe, dann friert es wieder. Blau und
still kommt die Dämmerung. Verschlafen in ihrem Winkel
surrt eine alte Häckselmaschine. Da stehst du im Stall und
bist alt und weißt nicht mit wem du redest, ja richtig doch:
mit den Kühen. Auf was für dumme Gedanken das Viehzeug
doch kommt, sie haben so schwere Köpfe. Der Häckselmaschine muß man auch immer wieder gut zureden, damit
sie nicht ihren Schritt verliert und wäre gleich weggeschlafen.
Eine Fledermaus über dem dämmrigen Hof, die Pfützen zu

Eis erstarrt. Wir könnten selbst einen Winterschlaf brauchen. Ist Vollmond, dann bellen die Hunde den Mond an. Gab es nicht eine Zeit, da haben wir selbst noch frierend den Mond angeheult, unselig wie aus dem Schlaf gerissene Fledermäuse, und den Höhleneingang nicht mehr gefunden? Du wirst noch soundsooft aufwachen und über Nacht ist Neuschnee gefallen. Dann Tauwetter, Nebel, dann kommt die Regenzeit: wie im Schlaf gehen wir dann umher, so verzagt. Als ob wir uns und die Welt nie anders gekannt hätten. Doch *diese* Tage und das Licht und die Ferne, die gibt es wirklich. Und wie die Erinnerungen an deine Kindheit wirst du den Vorsatz, einmal davonzugehen an so einem Tag, nie ganz aufgeben können. Wir werden die Ahnung nicht los, wer weiß, es könnte sein, wir bräuchten dann nicht zu sterben.

Bettine von Arnim

Aug' in Aug'

Die Nachtigall war anders gegen mich gesinnt wie Du, sie
stieg herab von Ast zu Ast und kam immer näher, sie hing
sich an den äußersten Zweig, um mich zu sehen, ich wendete
leise mich zu ihr, um sie nicht zu scheuchen, und siehe da!
Aug' in Nachtigallenaug', wir blickten uns an und hielten's
aus. Dazu trugen die Winde die Töne einer fernen Musik
herüber, deren allumfassende Harmonie wie ein in sich ab-
geschloßnes Geisteruniversum erklang, wo jeder Geist alle
Geister durchdringt, und alle jedem sich fügen; vollkommen
schön war dies Ereignis, dies erste Annähern zweier gleich
unbewußten, unschuldigen Naturen, die noch nicht erfahren
hatten, daß aus Liebesdurst, aus Liebeslust das Herz im Busen
stärker und stärker klopft. Gewiß, ich war freundlich und
gerührt durch dies Annähern der Nachtigall, wie ich mir
denke, daß Du allenfalls freundlich bewegt werden könntest
durch meine Liebe, aber was hat die Nachtigall bewogen,
mir nachzugehen, warum kam sie herab vom hohen Baum
und setzte sich mir so nah', daß ich sie mit der Hand hätte
haschen können, warum sah sie mich an und zwar mir in's
Auge? – das Aug' spricht mit uns, es antwortet auf den Blick,
die Nachtigall wollte mit mir sprechen, sie hatte ein Gefühl,
einen Gedanken mit mir auszutauschen. (Gefühl, ist der
Keim des Gedankens,) und wenn es so ist, welchen tiefen, gewaltigen Blick läßt uns hier die Natur in ihre Werkstatt tun:
wie bereitet sie ihre Steigerungen vor, wie tief legt sie ihre
Keime, wie weit ist es noch von der Nachtigall bis zu dem
Bewußtsein zwischen zwei Liebenden, die ihre Inbrunst so
deutlich im Lied der Nachtigall gesteigert empfinden, daß sie

glauben müssen, *ihre* Melodieen seien der wahre Ausdruck ihrer Empfindungen. –

Am andern Tag kam sie wieder, die Nachtigall, ich auch, mir ahndete sie würde kommen, ich hatte die Guitarre mitgenommen, ich wollte ihr was vorspielen, an der Pappelwand war's, der wilden Rosen-Hecke gegenüber, die ihre langen schwankenden Zweige über die Mauer des Nachbargartens hereinstreckte und mit ihren Blüten beinah bis wieder an den Boden reichte; da saß sie und streckte ihr Hälschen, sah mir zu, wie ich mit dem Sand spielte. Nachtigallen sind neugierig, sagen die Leute, bei uns ist's ein Sprüchwort: du bist so neugierig wie eine Nachtigall; aber warum ist sie denn neugierig auf den Menschen, der scheinbar gar keine Beziehung auf sie hat? – was wird einstens aus dieser Neugierde sich erzeugen? – O! nichts umsonst, alles braucht die Natur zu ihrem rastlosen Wirken, es will und muß weiter gehen in ihren Erlösungen. Ich stieg auf eine hohe Pappel, deren Äste von unten auf zu einer bequemen Treppe rund um den Stamm gebildet waren; da oben in dem schlanken Wipfel band ich mich fest an die Zweige mit der Schnur, an der ich die Guitarre mir nachgezogen hatte, es war schwül, nun regten sich die Lüfte stärker und trieben ein Heer von Wolken über uns zusammen. – Die Rosenhecke wurde hochgehoben vom Wind und wieder niedergebeugt, aber der Vogel saß fest; je brausender der Sturm, je schmetternder ihr Gesang, die kleine Kehle strömte jubelnd ihr ganzes Leben in die aufgeregte Natur, der fallende Regen behinderte sie nicht, die brausenden Bäume, der Donner übertäubte und schreckte sie nicht, und ich auch auf meiner schlanken Pappel wogte im Sturmwind nieder auf die Rosenhecke, wenn sie sich hob, und streifte über die Saiten, um den Jubel der kleinen Sängerin durch den Takt zu mäßigen. Wie still war's nach dem Gewitter! welche heilige Ruhe folgte dieser Begeistrung im Sturm! mit ihr breitete die Dämmerung sich über die weiten Gefilde, meine kleine Sängerin schwieg, sie war müde geworden. Ach, wenn der Genius aufleuchtet in uns, und unsere gesamten Kräfte aufregt, daß sie ihm dienen, wenn der ganze Mensch nichts mehr ist, als nur dienend dem Gewaltigen, dem Höheren als er selbst, und die Ruhe folgt auf solche Anstrengung, wie mild ist es da, wie sind da alle Ansprüche, selbst etwas zu sein, aufgelöst in Hingebung an den Genius! So ist Natur, wenn sie ruht vom Tagwerk: sie schläft, und im Schlaf gibt es Gott den Seinen. So ist der Mensch, der unterworfen ist dem Genius der Kunst, dem das elektrische Feuer der Poesie die Adern durchströmt, den prophetische Gabe durchleuchtet, oder der, wie Beethoven eine Sprache führt, die nicht auf Erden, sondern im Äther Muttersprache ist Wenn solche ruhen von begeisterter Anstrengung, dann ist es so mild, so kühl, wie es heute nach dem Gewitter war in der ganzen Natur, und mehr noch in der Brust der kleinen Nachtigall, denn die schlief wahrscheinlich heute noch tiefer als alle andren Vögel, und um so kräftiger und um so inniger wird ihr der Genius, der es den Seinen im Schlaf gibt, vergolten haben, ich aber stieg nach eingeatmeter Abendstille von meinem Baum herab, und durchdrungen von den hohen Ereignissen des eben Erlebten, sah ich unwillkürlich die Menschheit über die Achsel an.

Emanuel Geibel

GESANG IM GRÜNEN

Im Wald, im hellen Sonnenschein,
Wenn alle Knospen springen,
Da mag ich gerne mittendrein
Eins singen.

Wie mir zu Muth in Leid und Lust,
Im Wachen und im Träumen,
Das stimm' ich an aus voller Brust
Den Bäumen.

Und sie verstehen mich gar fein,
Die Blätter alle lauschen,
Und fall'n am rechten Orte ein
Mit Rauschen.

Und weiter wandelt Schall und Hall
In Wipfeln, Fels und Büschen,
Hell schmettert auch Frau Nachtigall
Dazwischen.

Da fühlt die Brust am eignen Klang,
Sie darf sich was erkühnen –
O frische Lust: Gesang! Gesang
Im Grünen!

Walt Whitman

Vollkommene Tage

Wonnemonat Mai – Monat der schwärmenden, singenden, sich paarenden Vögel – Monat der Hummeln – Monat des blühenden Flieders (und auch mein Geburtsmonat). Es ist kurz nach Sonnenaufgang, und ich schreibe diesen Abschnitt draußen am Fluß. Das Spiel des Lichts, die Düfte, die Melodien – die Wacholderdrosseln, Schwarzohrsandpieper, Wanderdrosseln, wohin man auch schaut – das lärmende, klingende, natürliche Konzert. Die Untermalung bildet das nahe Klopfen eines Spechtes und das entfernte Trompetengeschmetter eines Hahnes. Dann der frische Duft nach Erde – die Farben, die zarten Grau- und schwachen Blautöne am Horizont. Das leuchtende Grün des Grases hat durch die Milde und Feuchtigkeit der beiden letzten Tage einen zusätzlichen Anstrich erhalten. Wie die Sonne am weiten, klaren Himmel ruhig aufsteigt zu ihrer Tagesreise! Wie die warmen Strahlen alles baden und küssen und beinahe glutheiß über meine Wangen streichen!

Es ist eine Weile her, seit dem Gequak der Teichfrösche und dem ersten Weiß der Hartriegelblüten. Nun sprenkelt der goldene Löwenzahn in endloser Verschwendung überall den Boden. Die weißen Kirsch- und Birnenblüten, die wilden Veilchen, die mit ihren blauen Augen aufschauen und meinen Füßen salutieren, da ich am Rande des Waldes entlangschlendere. Der rosige Glanz aufblühender Apfelbäume, das leuchtend klare Smaragdgrün der Weizenfelder, das dunklere Grün des Roggens, eine warme Geschmeidigkeit erfüllt die Luft, die Zedernsträucher überreich mit ihren kleinen braunen Zapfen bedeckt – der Sommer erwacht ganz und gar. Die Amseln sammeln sich in geschwätzigen Schwärmen auf einem Baum und erfüllen Ort und Stunde mit Lärm, da ich in ihrer Nähe sitze.

Später – die Natur zieht feierlich vorüber, in Abteilungen, wie das Korps einer Armee. Alle haben viel für mich getan und tun es noch. An den letzten beiden Tagen jedoch sind es vor allem die großen wilden Bienen gewesen, die Hummeln oder »Brummeln«, wie die Kinder sie nennen. Wenn ich vom Farmhaus hinunter zum Bach gehe bzw. humple, benutze ich den bereits erwähnten Heckenweg, dessen Zäune aus alten Riegeln bestehen. Diese haben viele Risse, Splitter, Brüche, Löcher usw., die Lieblingsdomizile dieser summenden, haarigen Insekten. Auf und ab, neben und zwischen diesen Latten schwärmen, surren und fliegen sie in Myriaden. Wenn ich gemächlich meines Weges gehe, werde ich oft von einer flirrenden Hummelwolke begleitet. Auf meinen morgendlichen, mittäglichen und abendlichen Streifzügen spielen sie eine wesentliche Rolle und beherrschen oft die Szene, auf eine Art, wie ich sie mir nie vorgestellt habe – nicht nur zu Dutzenden oder Hunderten, sondern zu Tausenden bevölkern sie den langen Weg. Groß, munter und flink, mit wundervollem Schwung und einem lauten, schwellenden, anhaltenden Brummen, das hin und wieder unterbrochen wird von etwas, das sich beinahe wie ein Schrei anhört, stürmen sie in schnellen, ruckartigen Bewegungen hin und her, jagen einander und vermitteln mir (kleine Dinger, die sie sind) ein neues, deutliches Gefühl für Stärke, Schönheit, Lebenskraft und Bewegung. Ist das ihre Paarungszeit? Oder was bedeutet diese Fülle, Schnelligkeit, Ungeduld und Kraftentfaltung? Als ich so dahinging, dachte ich, ein bestimmter Schwarm folge mir, nach genauerem Hinsehen jedoch wurde mir klar, daß es eine rasche Folge sich gegenseitig ablösender Schwärme war.

Ich schreibe unter einem großen wilden Kirschbaum – der warme Tag, angenehm temperiert durch einzelne Wolken und eine frische Brise, nicht zu stark und nicht zu schwach. Lange, lange sitze ich hier, eingehüllt in das tiefe musikalische Summen dieser Hummeln, die zu Hunderten hin und her schwirren, sich wiegen, mich umschwärmen – dicke Burschen mit hellgelben Röcken, großen leuchtenden, schwellenden Leibern, gedrungenen Köpfen und hauchdünnen Flügeln – fortwährend lassen sie ihr klangvolles, sanftes Gebrumm ertönen. (Liegt darin nicht eine Anregung zu einer musikalischen Komposition, zu der es der Hintergrund sein könnte? So eine Art Hummelsinfonie?) Wie mich das alles kräftigt und zur Ruhe kommen läßt, auf eine höchst wünschenswerte Weise; die freie Luft, die Roggenfelder, die Obstgärten. Die letzten beiden Tage waren, was Sonne, Wind, Temperatur, überhaupt alles betrifft, ganz tadellos; nie hat es zwei vollkommenere Tage gegeben, und ich habe sie herrlich genossen.

Dr. Owlglass

MÄRZSPAZIERGANG

Agathe, komm, die Weidenkätzchen blühen,
Und von dem Waldrand winkt der Kellerhals.
Auch findet sich, wenn wir uns recht bemühen,
Ein Exemplar Galanthus allenfalls.

Auf dieser Wiese, zwischen alten Fladen,
Gedeiht der ganze bunte Frühlingsflor.
Der Krokus schmiegt sich fromm an deine Waden,
Desgleichen Primula elatior.

Ein innrer Trieb und Wonnedrang, zu schwärmen,
Wird nur durch die Erwägung fortgescheucht:
Wenn auch die lieben Sonnenstrahlen wärmen,
Der Untergrund ist leider noch zu feucht.

Im Reich der Blumen

Butterblumengelbe Wiesen,
sauerampferrot getönt –
o du überreiches Sprießen,
wie das Aug dich nie gewöhnt!

Wohlgesangdurchschwellte Bäume,
wunderblütenschneebereift –
ja, fürwahr, ihr zeigt uns Träume,
wie die Brust sie kaum begreift.

Christian Morgenstern

Kurt Schwitters

Veilchen

Veilchen nennt der Volksmund das, was im Verborgenen blüht und gut duftet. Diese hier sind Alpenveilchen, weil sie in Zürich in den Alpen eingetopft sind. Aber sonst sind es echt nordische Veilchen, die blauen, die an Hecken und unter Bäumen wachsen, und die im Herbst blühen.

Wir selbst hatten als Kinder solche kleinen Veilchensträucher im Garten und haben oft daran gerochen. Oh, das riecht gut! Und nun habe ich mich als großer Mensch daran gewöhnt, immer und überall die kleinen Veilchen zu suchen und zu finden, Sommer, Winter, Herbst und Frühling.

Traun, begegnen sie uns nicht überall, die kleinen Veilchen? Blicken sie uns nicht so lieb und treu an aus ihren blauen Kinderaugen? Duften sie nicht still für sich hin und führen ihr violettes Leben voll duftender Bescheidenheit in dieser Frühlingswelt, die lieben, herztausigen Veilchen?

Das alles weiß ich sehr gut, und darum habe ich gepflückt und gepflückt. Manche habe ich auch gleich mit der ganzen Wurzel ausgegraben, die wachsen dann weiter.

Im Merz blühen die meisten Veilchen. Im April nennt man sie meistens Anemonen. Im Mai heißen sie Maiglöckchen, und im Juni Maikäfer. Im Dezember aber blühen sie an kalten Fensterscheiben und heißen Eisblumen.

Lesen Sie, lieber Herr, Frau, Fräulein, das Unzutreffende bitte durchzustreichen, und schreiben Sie mir voll Vertrauen, welches Veilchen bei Ihnen am besten geduftet hat.

Das würde mir ein Schützenfest sein! –

René Schickele

FEINE ZARTE GESCHÖPFE

Ich halte mich an die Tulpen. Ja, die Tulpen sind da. Ich besuche sie schon vor Sonnenaufgang, wenn sie vorsichtig das Tageslicht anschlagen. Am Mittag können sie das Licht nicht halten, so daß sie mit ihren übermäßig geweiteten Kelchen wie taumelnd dastehn, außer Rand und Band, schon dreiviertel verschlissen, zerrissen, mit einem Ausdruck schmerzlicher Verworfenheit ... Doch wie artig lauschen sie in ihrer enggeschlossenen Mantille den Serenaden des Mondlichts, eine jede auf ihrem eigenen kleinen Balkon!

Sie blühn wild durcheinander auf allen Beeten des Gartens, von den Mauern mit den Steinpflanzen, aus den Rabatten davor, über die Vierecke mit den Buschrosen, bis in den Spaliergang und darüber hinaus, in versprengten Trupps, auf der Wiese, wo sie als kleine rote, gelbe, weiße Laternen im Grase hängen. Ganz hingerissen aber war ich, als ich sie im Schein einer Gewittersonne erblickte. Ein feiner Regen fiel, es war wahrhaftig Sonne, die regnete, eine Verklärung, die man bis tief in den Boden eindringen fühlte, versetzte den Garten in Ekstase. Die gestutzte Hainbuchenhecke am Sitzplatz erklang wie eine Glasorgel, die Triebe der Sommerstauden quollen in Büscheln, in Strähnen, und das erste Blattwerk des Rittersporns stand wie Helmbüsche da, und dann rührten sie sich, die Helmbüsche, und es war, als wüchsen sie vor meinen Augen aus dem Boden, als begännen Ritter aus dem Boden zu steigen!

Die Kuckucke, ganz nahe, läuteten wie toll zum Turnier.

Die Tulpen aber – Gott, was waren das für feine zarte Geschöpfe! Lauter verzückte Heilige, von dieser Erde nicht mehr, nur noch die geringe Blutlache, die auf Märtyrerschaft und Seligkeit ein sanft glühendes Siegel gesetzt.

Tulpen? Waren das Tulpen? Sie hatten ihren Namen verloren, sie hatten sich verloren, sie hatten die Welt verloren. ›Blume Aufunddavon‹ nannte ich sie, weil die Menschen doch jedem Ding einen Namen geben müssen – der immer ihr eigener ist. Man braucht ja auch gar nicht von dieser Welt zu sein, sagte ich mir, zumal, wenn diese Welt einen nicht mehr festhält, und lachte befreit in den Honigregen und wusch die Hände in der Unschuld des seraphischen Lichtes, das auf mich und meinen Garten niederhing.

Erika Pluhar

Eine Muttertagsgeschichte

Als meine Tochter zur Welt gekommen war – in den ersten
Maitagen eines bereits sehr fernen Jahres – bekam ich einen
Tag nach der Geburt bereits eine Muttertagstorte, auf der
stand: Der lieben Mutter. Ich konnte nicht fassen, daß das
jetzt mir galt. Lagen doch die Muttertage, an denen wir uns
krampfhaft bemüht hatten, meine Mutter zu ehren und zu
feiern, und ich diesen Aufwand für einen einzigen Tag im
Jahr mit jugendlicher Direktheit als »blödsinnig« einstufte,
mir noch bleischwer im Gemüt.

Nur einmal war es schön gewesen. Mein Vater – sonst ein
durch und durch ehrenhafter Mann ohne den geringsten
Hang zum Abenteuerlichen – hatte vergessen, die üblichen
rosa Hortensien (zwei bis drei Blütenbüschel in einem Topf,
in Kreppapier gehüllt, dazu eine Schleife und ein Papierherz
mit Spruch, »Dem Mütterlein«, oder dergleichen) zu be-
sorgen. Aus Furcht vor den drohenden dunklen Wolken auf
der Stirne meiner Mutter wurde er plötzlich kühn, ein ver-
wegenes Glitzern durchbrach mehr und mehr den ratlosen
Ärger in seinen Augen. »Komm«, sagte er zu mir, während er
eine Schere in seiner Jackentasche verbarg. Und wir verließen
das Haus wie zwei, die etwas zu verbergen hatten.

Hinter dem Gemeindebau, in dem wir wohnten, befand
sich ein Areal mit Schrebergärten. Es waren bereits alte Gärten, die Obstbäume und diversen Sträucher breiteten sich
weit über die Zäune hinweg aus und überschatteten teil-
weise die Pfade. Der Flieder blühte. Er blühte in diesem Jahr
so üppig wie selten. Die Zweige beugten sich unter der Last
der violetten und weißen Dolden, dazu der Duft und das

Leuchten einer abendlichen Maisonne – ich schritt selig mit meinem Vater dahin.

Der aber zückte bald die Schere, nicht ohne vorher um sich geblickt zu haben. Ausgestorben lagen die Gärten da, keine Stimme, keine Hantierung zu hören.

Und mein Vater begann, Flieder zu stehlen. Erst sollte es ein angemessen großer, trotz allem bescheidener Strauß sein. Doch der zurückhaltende, pflichtbewußte Mann fiel einer plötzlichen, wohl von Mai- und Fliederdüften genährten Raserei anheim. Er schnitt und schnitt. Meine und seine Arme füllten sich, bis wir sie kaum noch über der Last zusammenschließen konnten. Und immer noch schien den Gärten nichts an Pracht zu fehlen, der Überfluß unermeßlich.

Wir schleppten und stöhnten, als wir über Treppen und Gänge zu unserer Wohnungstüre schlichen, immer voll Sorge, ertappt und des Diebstahls überführt zu werden.

Es galt außerdem, die Fliederberge daheim zu verstauen und dem Auge meiner Mutter fernzuhalten – dies gelang mit Hilfe wassergefüllter Eimer in der Abstellkammer.

Am frühen Morgen dekorierten wir die Wohnung, benutzten dazu sämtliche vorhandenen Vasen, Einmachgläser, Krüge und Suppentöpfe. Und als die Mutter aus dem Bett kroch und verschlafen zum Badezimmer hinstrebte, traute sie ihren Augen und ihrer Nase nicht. Was für eine Herrlichkeit. Was für ein Duft.

Hätten wir den Flieder nicht stehlen müssen, könnte mir auch dieser Muttertag gestohlen bleiben, dachte ich.

Friedrich Nietzsche

KLEIN SEIN KÖNNEN

Man muß den Blumen, Gräsern und Schmetterlingen auch noch so nah sein wie ein Kind, das nicht viel über sie hinweg reicht. Wir Älteren dagegen sind über sie hinausgewachsen und müssen uns zu ihnen herablassen; ich meine, die Gräser *hassen* uns, wenn wir unsere Liebe für sie bekennen. – Wer an *allem* Guten teilhaben will, muß auch zu Stunden klein zu sein verstehen.

Marcel Proust

DER DUFT DER WEISSDORNHECKEN

In halber Höhe eines nicht zu ermittelnden Baumes war ein
unsichtbarer Vogel bemüht, sich den Tag zu verkürzen; mit
einem lang angehaltenen Ton versuchte er die Einsamkeit
auszuloten, aber er erhielt eine so klare Antwort, eine Art
Resonanz aus nichts als Schweigen und tiefer Ruhe, daß es
schien, als hielte er nun für immer den Augenblick fest, den
er eben noch versucht hatte, schnell zum Enteilen zu bringen.
Das Licht fiel so schonungslos von einem erstarrten Himmel
herab, daß man sich gern seiner Aufmerksamkeit entzogen
hätte, und das schlafende Wasser, dessen Ruhe die Insekten
unaufhörlich durchschwirrten, träumte sicherlich von irgendeinem eingebildeten Maelstrom und vermehrte die Unruhe,
in die mich der Anblick des Korkschwimmers gestürzt hatte,
indem es ihn in großer Geschwindigkeit in die schweigenden
Weiten des widergespiegelten Himmels hineinzuziehen
schien; fast vertikal gestellt, schien er sinken zu wollen, und
ich fragte mich, ob ich nicht ganz unabhängig von dem
Wunsch und der Furcht, sie kennenzulernen, einfach die
Pflicht hätte, Mademoiselle Swann darauf aufmerksam zu
machen, daß ein Fisch angebissen habe – als ich feststellte, daß
ich laufen mußte, um meinen Vater und meinen Großvater
einzuholen; beide riefen mich, erstaunt darüber, daß ich ihnen nicht auf dem kleinen Pfad in die Felder gefolgt war, den
sie eingeschlagen hatten. Für mich erhob sich summend darüber der Duft der Weißdornhecken. Diese Hecken bildeten
in meinen Augen eine unaufhörliche Folge von Kapellen, die
unter dem Schmuck der wie auf Altären dargebotenen Blüten verschwanden; unter ihnen zeichnete die Sonne auf den

Boden ein lichtes Gitterwerk, so als fiele ihr Schein durch ein Kirchenfenster; ihr Duft strömte sich so voll und überquellend aus, wie ich ihn vor dem Altar der Muttergottes stehend verspürt hatte, und die ebenso geschmückten Blüten trugen eine jede mit gleicher gedankenloser Miene ihr schimmerndes Strahlenbündel aus Staubgefäßen, feine glitzernde Rippen im spätgotischen Stil wie die, die in der Kirche das Gitter der Empore durchzogen oder die Kreuze der Buntglasfenster, die aber hier die weiße sinnliche Fülle von Erdbeerblüten hatten. Wieviel naiver und bäuerlicher wirkten im Vergleich dazu die Heckenrosen, die in wenigen Wochen im vollen Sonnenschein den gleichen ländlichen Weg erklimmen würden, mit der glatten Seide ihres rötlichen Mieders bekleidet, das der leiseste Hauch zerflattern macht.

Aber ich mochte mich noch so lange vor dem Weißdorn aufhalten, ihn riechen, in meinen Gedanken, die nichts damit anzufangen wußten, seinen unsichtbaren, unveränderlichen Duft mir vorstellen, ihn verlieren und wiederfinden, mich eins fühlen mit dem Rhythmus, in dem sich seine Blüten in jugendlicher Munterkeit und in Abständen, die so unerwartet waren wie gewisse musikalische Intervalle, hierhin und dorthin wendeten; sie entfalteten für mich auf unbestimmte Zeit hin den gleichen Reiz in unerschöpflicher Fülle, aber ohne daß ich tiefer in ihn einzudringen vermochte, so wie es gewisse Melodien gibt, die man hundertmal hintereinander spielt, ohne in der Entdeckung ihres Geheimnisses einen Fortschritt zu machen. Einen Augenblick wendete ich mich von ihnen ab, um ihnen wieder mit frischeren Kräften gegenüberzustehen. Ich folgte mit dem Blick bis draußen zur Böschung, die jenseits der Weißdornhecke steil zu den Feldern aufstieg, einigen vereinzelten Mohnblumen und träge zurückgebliebenen Kornblumen, die hier und da ihre Blüten in den Hang eingewirkt hatten, so wie in weitläufigen Abständen am Rande einer Stickerei das pflanzliche Motiv erscheint, das erst in der Mittelpartie sich völlig entfalten wird; selten noch und lückenhaft wie die Häuser, mit denen sich die Nähe eines Dorfes ankündigt, zeigten sie mir die ungeheuren weizenwogenden Weiten an, über denen sich Wolken kräuselten, und der Anblick einer einzigen Mohnblüte, die am Ende ihres Tauwerks im Winde die rote Flamme aufzüngeln ließ über der schwarzen wie ölgetränkten Boje, ließ mein Herz höher schlagen wie das eines Reisenden, der in der Nähe des Strandes eine erste gescheiterte Barke erblickt, an der ein Kalfaterer gerade die Schäden behebt; bevor er es noch wirklich gesichtet hat, ruft er dann aus: ›Das Meer!‹

Ich kehrte zu dem Weißdorn zurück wie zu einem Kunstwerk, von dem man meint, man werde es besser sehen, wenn man es einen Augenblick inzwischen nicht angeschaut hat; aber es nutzte nichts, daß ich meinen Blick mit den Händen abschirmte, um nichts weiter zu sehen: das Gefühl, das er in mir weckte, blieb dunkel und unbestimmt, versuchte vergebens, sich loszulösen und die Verbindung mit den Blüten einzugehen. Sie verhalfen mir nicht dazu, es wirklich deutlich zu machen, und von anderen Blumen erreichte ich nicht, daß sie es mir verschafften. Da aber schenkte mir mein Großvater die Freude, die wir empfinden, wenn wir auf ein Werk unseres Lieblingsmalers stoßen, das von den uns bekannten ganz verschieden ist, oder wenn man uns vor ein Bild führt, von dem wir bislang nur eine Bleistiftskizze gesehen haben, oder wenn ein Stück, das wir nur auf dem Klavier gehört haben, durch eine Orchesteraufführung seine wahre Vielfarbigkeit erhält, denn er sagte zu mir: »Du hast doch den Weißdorn so gern, schau her, hier gibt es einen mit rosa Blüten, er ist wirklich hübsch!« Tatsächlich war es auch ein Dornstrauch, doch rosa, noch köstlicher als die weißen. Auch er war geschmückt wie für ein Fest, eines jener einzig wirklichen Feste, wie es nur kirchliche Festtage sind, da sie ja nicht wie weltliche durch eine Zufallslaune an einen beliebigen Tag geheftet werden, der nicht besonders für sie vorgesehen ist und nichts im tiefsten Wesen Feiertagsmäßiges besitzt – aber noch reicher, denn die Blüten, die an den Zweigen in der Weise aufgereiht waren, daß sie wie die Pompons an einem Rokokohirtenstab keine Stelle ungarniert ließen, waren ›farbig‹ und somit von höherer Qualität nach den Gesetzen der Ästhetik von Combray, jedenfalls nach der Staffelung der Preise im ›Warenhaus‹ oder bei Camus zu schließen, wo die Pâtisserie mit rosa Guß teurer war als die andere. Ich selbst schätzte mehr den rosa Rahmkäse, in den ich hatte Erdbeeren drücken dürfen. Diese Blumen aber hatten sich gerade jenen rosa Farbton ausgewählt, den eßbare Dinge haben oder eine liebenswürdige Kleinigkeit, mit der man eine Festtagstoilette schmückt, ein Rosa, das, weil die Gründe für seine Überlegenheit so klar zutage treten, in den Augen der Kinder die überzeugendste Farbe ist und deshalb später für sie immer etwas Lebendigeres und Natürlicheres behält als alle anderen Tönungen, selbst wenn sie begriffen haben, daß es dem Geschmacksempfinden keine besonderen Reize bietet oder von der Schneiderin nicht eigentlich für das Kleid bestimmt worden ist. Und tatsächlich empfand ich ebenso wie angesichts der weißen Dornenhecke, aber doch noch mit größerem Staunen, daß nicht erst durch etwas Künstliches, durch einen Kniff der menschlichen Industrie die festtägliche Bestimmung der Blumen zustande gekommen war, sondern daß die Natur sie in ihnen selbst spontan zum Ausdruck gebracht hat mit der Naivität einer dörflichen Händlerin, die Artikel für einen feiertäglichen Hausaltar herstellt, indem sie nämlich dieses Zweigwerk mit Rosetten von allzu süßem Rosa und in altmodischem Provinzgeschmack ausgestattet hat. Oben an den Zweigen sproßten in übermäßiger Fülle, ähnlich den kleinen Rosenstöckchen, in deren in Papiermanschetten verschwindenden Töpfen bei großen Festen am Altar winzige Kerzen erstrahlen, kleine Knöspchen von blasserem Ton, die,

wenn sie sich öffneten, im Innern in einem Kelch aus blut-
rotem Marmor ein rötliches Linienwerk zeigten und mehr
noch als die Blüten die ganz besondere, unzerstörbare Sub-
stanz dieser Gattung verrieten, die überall, wo sie Knospen
treibt oder blüht, immer nur Rosa erzeugt. In die Hecke
eingefügt, und doch so verschieden von ihr wie ein junges
Mädchen im Festgewand von den Personen im Werktags-
kleid, die zu Hause bleiben, bereit für die Maiandacht in der
Kirche, zu der es schon ganz zu gehören schien, so leuch-
tete lächelnd, frisch eingekleidet, dieses katholische, dieses
köstliche Gewächs.

Arno Holz

ER KLAGT,
DASS DER FRÜHLING SO KORTZ BLÜHT

Ode Trochaica

Kleine Bluhmen wie auß Glaß
seh ich gar zu gerne
durch das tunckel-grüne Graß
kukken sie wie Sterne.

Gelb und rosa/roht und blau
schön sind auch die weissen;
Trittmadam und Himmelstau
wie sie alle heissen.

Kom und gib mir mitten-drin
Küßgens ohnbemessen.
Morgen sind sie lengst dahin
und wir sälbst – vergessen!

Johann Gottfried Herder

Die Wahl der Flora

Als Jupiter die Schöpfung, die er zu schaffen gedachte, in idealischen Gestalten vor sich rief, winkte er, und es erschien unter andern die blumige Flora. Wer mag ihre Reize beschreiben? wer ihre Schönheit schildern? Was je die Erde aus ihrem jungfräulichen Schoße gebar, war in ihrer Gestalt, in ihrem Wuchs, in ihren Farben, in ihrem Gewande versammlet. Alle Götter schauten sie an; alle Göttinnen beneideten ihre Schönheit.

Wähle dir, sprach Jupiter, aus dieser zahlreichen Schar von Göttern und Genien einen Liebling; doch siehe zu, eitles Kind, daß dich deine Wahl nicht trüge!

Leichtsinnig blickte Flora umher: und o hätte sie den schönen, den in Liebe für sie entbrannten Phöbus gewählet! Aber seine Schönheit war dem Mädchen zu hoch: seine Liebe für sie zu verschwiegen. Flüchtig lief ihr Blick umher, und sie erwählte – wer hätte es gedacht? – einen der letzten aus der Zahl der Götter, den leichtsinnigen Zephyr.

»Sinnlose! sprach der Vater; daß dein Geschlecht auch in seinen geistigen Gestalten schon jeden buhlerischen, leicht auffallenden Reiz einer höhern stillern Liebe vorziehet! Hättest du diesen gewählt (er winkte auf Phöbus) du und dein ganzes Geschlecht hätte mit ihm die Unsterblichkeit geteilet. Aber jetzt, genieße deines Gatten!«

Zephyr umarmte sie, und sie verschwand. Sie verflog als Blumenstaub ins Gebiet des Gottes der Lüfte.

Als Jupiter die idealischen Gestalten seiner Welt zur Wirklichkeit brachte, und der Schoß der Erde dastand, die verstobnen Blumenkeime ins Leben zu gebären, rief er dem über der

Asche seiner Geliebten entschlummerten Zephyr: »wohlauf! o Jüngling, wohlauf! Bring' deine Geliebte her, und siehe ihre irdische Erscheinung.« Zephyr kam mit dem Blumenstaube: Der Blumenstaub flog hin über die Weite der Erde. Phöbus aus alter Liebe belebte ihn: die Göttinnen der Quellen und Ströme, aus schwesterlicher Neigung, durchdrangen ihn: Zephyr umfing ihn, und Flora erschien in tausend vielfältigen sprießenden Blumen.

Wie freute sich jede derselben, da sie ihren himmlischen Buhler wieder fand! sie überließen sich alle seinem tändelnden Kuß, seinen sanftwiegenden Armen. Kurze Freude! Sobald die Schöne ihren Busen geöffnet, und das hochzeitliche Bett in allen Reizen des Wohlgeruchs und der Farben bereitet hatte, verließ sie der satte Zephyr; und Phöbus, voll Mitleid über ihre zu gutwillig betrogene Liebe schaffte mit seinem zehrenden Strahl ihrem Gram ein früheres Ende.

Jeden Frühling, ihr Mädchen, beginnet aufs neu dieselbe Geschichte. Ihr blühet wie Flora; wählt euch einen andern Geliebten als Zephyr.

Gustav Schwab

Hyakinthos

Der jüngste unter den Söhnen des lakonischen Königs Amyklas war Hyakinthos. Phöbos Apollon sah den lieblichen Knaben und gewann eine herzliche Zuneigung zu ihm. Ja, er gedachte ihn einstens in den Olymp zu erheben, auf daß er ihn ewig in seiner Nähe hätte. Aber ein trauriges Geschick gönnte dem Sterblichen die Verherrlichung nicht und raffte ihn in zarter Jugendblüte dahin. Oft verließ Apollon das heilige Delphi, um an dem Gestade des Eurotas in der Nähe der mauerlosen Stadt Sparta sich der Gesellschaft seines Lieblings zu erfreuen. Leier und Bogen vergaß er über heitern Spielen und verschmähte es nicht, mit Hyakinthos auf der Jagd durch die rauhen Höhen des Taygetos zu schweifen. Einst um die Mittagsstunde, als die Sonne ihre heißen Strahlen senkrecht herniedersandte, warfen die beiden ihre Gewänder von sich, salbten ihre Körper mit Öl und begannen die Diskusscheibe zu werfen. Da nahm Apollon zuerst die schwere Scheibe, schwang sie wägend im Arm und schleuderte sie dann so gewaltig in die Höhe, daß sie am Himmel eine Wolke zerteilte. Lange währte es, bis das runde Erz wieder auf die Erde herabfiel. Eifrig, es seinem göttlichen Lehrmeister nachzutun, sprang der Knabe hinzu und wollte die Scheibe fassen. Aber vom felsigen Grunde prallte sie jach in die Höhe und ach – dem holden Kinde ins Antlitz. Bleich wie der Getroffene eilte Apollon herbei und fing den Zusammenbrechenden in seinen Armen auf. Bald suchte er die erstarrenden Glieder zu erwärmen, bald wischte er das Blut von der schrecklichen Wunde, bald legte er heilsame Kräuter auf, um die fliehende Seele seines Lieblings zu halten. Doch alles war vergebens!

Wie eine zarte Blume, im Garten gebrochen, plötzlich ihr welkendes Haupt herniedersinken läßt, so sank das Haupt des armen Knaben, welk und matt, zurück an die Brust des Gottes. Dieser rief ihn mit den zärtlichsten Namen und bedeckte sein Antlitz mit bittern Tränen. Ach, warum ist er denn ein Gott, daß er nicht für ihn oder doch mit ihm sterben kann! – Endlich rief er: »Nein, süßes Kind, nicht völlig sollst du sterben, mein Lied soll von dir singen, und als Blume noch sollst du meinen Schmerz verkünden.« So rief Apollon, und siehe, aus dem strömenden Blut, das die Gräser rot färbt, sprießt eine Blume hervor von düsterm Glanz wie tyrischer Purpur, lilienförmig wachsen an einem Stengel zahlreiche Blumen, und jede zeigt auf ihren Blättchen in deutlicher Schrift die Seufzer des Gottes: Aï, das ist: Wehe! Wehe! – So ersteht nun mit jedem Lenz die Blume, die des Götterlieblings Namen führt, und stirbt wie jener bald wieder dahin, ein Bild der Vergänglichkeit alles Schönen auf der Erde. In Lakonien aber ward alljährlich, wenn der Sommer kam, dem Hyakinthos und seinem göttlichen Freunde zu Ehren ein großes Fest, die Hyakinthien, gefeiert, wobei man des Knaben wehmütig, als eines Frühverstorbenen, und heiter, als eines Vergötterten, gedachte.

Christian Morgenstern

NICHT GEPFLÜCKT

Ich habe heute ein paar Blumen für dich *nicht* gepflückt, um
dir ihr – Leben mitzubringen.

Sebastian Kneipp

HOLUNDER

Dem Hause am nächsten stand in den guten alten Zeiten der *Holunderbusch*; jetzt ist er vielfach verdrängt und ausgerottet. Es sollte kein Wohnhaus geben, wo er nicht gleichsam als Hausgenosse in der Nähe wäre oder wieder in die Nähe gezogen würde; denn am Holunderbaum sind wirksam die Blätter, die Blüten, die Früchte, die Rinde und die Wurzeln.

Zur Frühlingszeit sucht die kräftige Natur manche Stoffe, die sich im Körper den Winter über angesammelt haben, zu entfernen. Wer kennt nicht diese Zustände, die *sogenannten »Frühlingskrankheiten«*, wie Ausschläge, Abweichen, Kolik und ähnliches!

Wer durch eine *Frühlingskur* Säfte und Blut reinigen und verlegene Stoffe in leichter und natürlicher Weise ausscheiden will, der nehme sechs bis acht *Blätter* des *Holunderbaumes*, schneide sie klein, wie man Tabak schneidet, und lasse den Tee etwa zehn Minuten lang sieden! Dann nehme er in der ganzen Kurzeit täglich morgens nüchtern eine Tasse solchen Tees, eine Stunde später sein Frühstück!

Dieser *einfachste Blutreinigungstee* säubert die »Maschine« des menschlichen Körpers in vortrefflicher Weise (harntreibende Wirkung!) und ersetzt armen Leuten die Pillen und Alpenkräuter u. a., die in feinen Schachteln und Schächtelchen heutzutage die Runde machen und oft ganz sonderbare Wirkung tun.

Wie im Frühling, so kann diese Kur auch zu jeder anderen Jahreszeit vorgenommen werden. Selbst die *gedörrten Blätter* liefern guten Tee zur Auflösung und Reinigung.

Wer hat nicht schon von *Holunderblüten* zubereitete Kuchen (die schwäbischen sogenannten »Küchlein«) gegessen? Viele Leute backen sie gerade zu der Zeit, in welcher der Baum im weißen Frühlingsschmucke prangt, und sagen, diese Blütenkuchen schützen vor Fieber.

Auch die *Holunderblüte reinigt*, daran zweifelt niemand; und es wäre gut, wenn in jeder Hausapotheke eine Schachtel gedörrter Blüten aufbewahrt würde.

Franz Hohler

Die Mönchsgrasmücke

Jedes Jahr, wenn der April zu Ende ging, stand der Mann einmal im Tag auf dem Balkon und lauschte. Er bewohnte ein
altes Mehrfamilienhaus in der Vorstadt, und Leute, die ihn
besuchten, waren immer wieder überrascht, wieviel Bäume
und Sträucher in dem Garten darum herum Platz fanden,
oft fielen Ausdrücke wie »Oase« oder »verwunschen«. Als
der Mann mit seiner Familie vor einem Vierteljahrhundert
hier eingezogen war, war ihm bald klar geworden, daß dieser
Garten mehr Zuwendung verlangte, als er aufbringen konnte,
und er und seine Frau beschlossen, ihm nur eine minimale
Pflege angedeihen zu lassen und ihn im übrigen seinem
eigenen Wachstum anzuvertrauen, was in der Sprache der
Ordnungliebenden hieß: Sie ließen ihn verwildern. Zwar
pflanzten sie einen Kirschbaum, einen Zwetschgenbaum,
einen Apfelbaum, ein Schattenmorellenspalier, einen Stachelbeerenbusch, aber durch das Wachsen der Hecken, der
Kastanie, des Ahornbaumes und der Holunderbüsche fielen
längere Schatten auf die Rosenbeete, auf denen mit der Zeit
Zitronenmelisse, Waldmeister, Taubnessel und Walderdbeeren
überhand nahmen.

Die Vögel wußten es zu schätzen. Blau- und Kohlmeisen
besuchten die Balkone, Spatzen tschilpten im Gebüsch beim
Gartentor, Buchfinken trällerten, Amseln sangen auf dem
Turm, der das Haus krönte, der Specht klopfte die Rinden der
großen Birke nach Würmern ab, Rotschwänzchen turnten in
deren Gezweig herum, der Kleiber lief kopfüber den Stamm
hinunter, in der Krone der riesigen Buche zankten sich die
Elstern mit den Krähen, und jedes Jahr, das freute den Mann

besonders, war der schnelle Gesang der Mönchsgrasmücke zu hören.

Ab und zu sah er sie auch, vor allem im Frühling, wenn das Laub noch nicht so dicht war, wie sie auf der Birke zwitschernd von Ast zu Ast flatterte, mit ihrem schwarzen Fleck auf dem Kopf. Wo sie nistete, fand er nie heraus, es war ihm auch nicht so wichtig, doch Jahr für Jahr merkte er, daß er das Eintreffen der Mönchsgrasmücke wie eine gute Nachricht empfand.

Der Vogel aber wußte nichts von seinem Namen. Er wußte nur, daß er nach langen nächtlichen Flügen dort angekommen war, wo es ihn hingezogen hatte, dort, wo er sich auskannte, dort, wo er bleiben wollte.

Er begann in einem Holunderbusch ein kleines Nest zu bauen, sammelte rastlos dürre Grashalme und Waldmeisterstengel und formte sie zu einer Schale, in die er sich dann setzte und sang, so laut es ging. Als er trotz seiner Lockrufe allein blieb, begann er im selben Busch ein zweites Nest zu bauen, ebenso rasch wie das erste, und ebenso vorläufig. Zwei Tage lang sang er abwechselnd aus dem einen und dem andern Nest, flog einmal sogar zuoberst auf die Birke, um sicher gehört zu werden, und dann bekam er frühmorgens eine Antwort, von irgendwoher zwischen den Dächern, er flatterte von einem Nest zum andern, ständig rufend, und auf einmal stand auf einem Zweig zwischen den Nestern ein Weibchen und blickte ihn an.

Als es wenig später zur Birke flog, flog ihm der Vogel nach, setzte sich auf den Ast über dem Weibchen, sang, so schön er konnte, flog wieder zum Holunder mit seinen zwei Nestern, flog dann zurück zur Birke, doch da war das Weibchen verschwunden. Beharrlich sang der Vogel weiter, und am Abend fand sich das Weibchen wieder ein, setzte sich zwischen die zwei Nester und wartete. Der Vogel richtete sich hoch auf und schmetterte seine wechselvollsten Melodien, erhob sich in die Luft, blieb flatternd über dem einen Nest stehen, hängte sich dann mit den Füßen kopfunter an einen Zweig und blickte das Weibchen an.

Als der Morgen dämmerte, stellte sich das Weibchen auf den Nestrand, duckte sich, schwirrte mit seinen Flügeln und pfiff leise. Der Vogel stürzte sich auf das Weibchen und ließ seinem Drang freien Lauf, und als es sich etwas später wieder bereit machte für ihn, tat er nochmals dasselbe, und danach noch einmal, bis sich das Weibchen entfernte und die Umgebung absuchte, immer gefolgt vom Vogel. Schließlich zog es enge Kreise über einer Thujahecke, schlüpfte hinein, ließ sich auf einer Astgabel nieder und sprang auf deren Zweigen hin und her. Dann flog es auf den Boden des Gartens und kehrte mit einem dünnen Stengel wieder zurück, den es auf die Astgabel legte. Da wußte der Vogel, daß das der Brutplatz war, und begann seinem Weibchen beim Bau des Nestes zu helfen.

Ein Tag verging, eine Nacht verging, noch ein Tag verging, und noch eine Nacht, ein weiterer Tag, eine weitere Nacht, und das Nest war fertig. Weich und zierlich hing es in der Astgabel, seine äußersten Halme waren mit den Ästen verwoben. Bei Tagesanbruch setzte sich das Weibchen hinein, und als es wieder wegflog, lag ein Ei im Nest. Jeden Morgen kam nun ein neues Ei dazu, bis keines mehr Platz hatte.

Ab jetzt saß fast immer eines der beiden Tiere auf dem Nest, während das andere in der Umgebung von Baum zu Baum flog und Insekten, Käfer und Raupen aufpickte oder sich Fliegen und Falter im Flug schnappte. Wenn das Weibchen wegflog und dem Vogel das Nest überließ, wendete er die Eier mit dem Schnabel, bevor er sich darauf setzte. Er mochte nicht so lange auf dem Gelege sitzen wie das Weibchen und machte sich manchmal bald wieder davon, gab dem Weibchen mit seinem Gesang zu verstehen, daß er das Nest verlassen hatte, aber dieses ließ sich Zeit mit der Rückkehr. Einmal, als es zurückkam, saß eine Elster auf der Thujahecke. Das Weibchen schimpfte sie mit lautem Gezeter aus, wenig später gesellte sich auch der Vogel dazu und stimmte mit ein, fächerte seine Schwanzfedern, schlug mit den Flügeln, hüpfte sogar auf die Elster zu, bis sich diese unwillig keckernd von der Hecke erhob und zur Buche hinüber flog. Sie wäre wohl ohnehin zu groß gewesen, um an das gut versteckte Nest im engen Gezweig heranzukommen. Der Vogel und sein Weibchen, aufs höchste erregt, schlüpften beide zum Nest, in dem keines der Eier fehlte.

»Heute hatte ich das Gefühl, es habe Aufregung gegeben bei den Vögeln«, sagte die Frau am Abend zu ihrem Mann, »aber ich weiß nicht, was es war. Ich habe bloß noch eine Elster wegfliegen sehen.«

»Hoffentlich ist den Mönchsgrasmücken nichts passiert«, sagte der Mann.

Den Mönchsgrasmücken war nichts passiert, und ihre melodischen Rufe waren weiterhin zu hören. Das war das einzige Mal, daß das Gelege während der Brutzeit in Gefahr war, weder Marder noch Mäuse fanden den Weg den Stamm hinauf.

Die Jungvögel brachen, als ihre Zeit gekommen war, einer nach dem andern die Schale mit ihrem Eizahn auf und lagen mit geschlossenen Augen als federlose Klumpen mit zwei stumpfen Ärmchen, die einmal die Flügel werden sollten, über- und unter- und nebeneinander. Aber wenn der Vogel und sein Weibchen nun zum Nest kamen, reckten sich alle fünf Kleinen empor und sperrten die Schnäbel weit auf, so daß ihre blutroten Rachen zu sehen waren. Diese Rachen, das wußte der Vogel und das wußte sein Weibchen, diese Rachen galt es zu stopfen, und für sie beide begann jetzt eine strenge

Zeit. Die Mücken, Fliegen, Räupchen, Blattläuse, Spinnen und Asseln, die sie bisher für sich selbst erbeutet hatten, brachten sie nun ins Nest und steckten sie ihren zitternden und fiependen Jungen in die offenen Schnäbel, sie kamen auch immer öfter mit Beeren zurück, die sie den Kleinen verabreichten. Wenn diese sie nicht hinunterwürgen konnten, nahmen sie sie wieder heraus und verschluckten sie selber. Nachts setzte sich entweder der Vogel oder sein Weibchen auf die Jungen und gab ihnen warm.

Schon bald wuchs den nackten Kleinen ein Federflaum, schon bald öffneten sie ihre Augen, schon bald hüpften sie aus dem Nest, und schon bald fiel eines hinunter und wurde von einer Katze aufgefressen. Die andern wurden dicker und saßen nun tagsüber tatenlos und ängstlich auf den Zweigen neben dem Nest, in das sie am Abend wieder zurückkehrten. Sie lernten fliegen, aber immer noch suchten die Eltern von morgens früh bis abends spät die Umgebung nach Eßbarem ab und verfütterten es ihren nimmersatten Jungen. Dabei sangen sie fast ununterbrochen, so wußten die Jungen immer, wo sie gerade waren. Schließlich begannen sich diese zu streiten, rupften sich gegenseitig am Gefieder und pickten sich in den Hintern, bis sie nicht mehr in der Geborgenheit des Nestes zusammen blieben. Eines fiel beim ersten Versuch, vom Rand des kleinen Springbrunnenbeckens zu trinken, ins Wasser und ertrank.

»Heute habe ich einen toten jungen Vogel aus dem Becken gezogen«, sagte die Frau zum Mann.

»Was für einen?« fragte der Mann.

»Ich weiß nicht«, sagte die Frau, »ich hab ihn gleich in eine Plastiktüte gesteckt und in den Abfallsack geworfen.«

»Vielleicht ein Spatz«, sagte der Mann.

»Kann schon sein«, sagte die Frau.

Die Jungen zogen nun weitere Kreise, wurden aber von den Eltern noch nicht aus den Augen gelassen. Oft führten diese sie zu einem Ort, wo reichlich Futter vorhanden war. Der Kirschbaum etwa war ein solches Ziel, an dem sich die ganze Vogelfamilie gemeinsam erlabte. Er wurde auch von Amseln, Finken und Meisen aufgesucht, so daß an manchen Tagen der Eindruck entstand, der Baum zwitschere.

»Viele Kirschen sind angepickt dieses Jahr«, sagte die Frau, als ihr Mann seine Ernte auf den Tisch schüttete.

»Mich nimmt wunder, wie viele Vögel wir damit ernähren«, sagte der Mann.

Er hatte weder Zeit noch Geduld, tagelang den Baum und dessen Gäste zu beobachten, sonst hätte er die Mönchsgrasmücken bestimmt einmal gesehen.

Die Familie löste sich nun langsam auf, die Jungvögel tauschten ihr Nestlingsgefieder in ihr erstes richtiges Federkleid, und ihre ersten kleinen Gesänge erklangen. Auch der Vogel und das Weibchen mauserten, und langsam wuchs ihnen ihr Herbstkleid. Alle wußten sie, daß sie soviel wie möglich fressen mußten, mehr als ihnen der reine Hunger befahl, und zu der reichen Ernte an Insekten kam eine ebenso reiche Ernte an Beeren, die sich im Efeu, im Holunder, an Brombeerstauden und anderen Sträuchern fanden.

Der Vogel sorgte jetzt nur noch für sich selbst. Das Weibchen war ihm gleichgültig geworden, das Brutnest suchte er kaum mehr auf, und wenn, dann fand er sich dort allein. Ab und zu setzte er sich hinein, um zu schlafen, machte dann seinen Körper schwer, bis die Beine in ihm versanken, und steckte den Kopf unter einen Flügel. Seine Jungen sah er nur noch gelegentlich, aber er hatte nichts mehr mit ihnen zu tun. Einmal war er mit einem von ihnen wegen einer Brombeere, auf die sie es zur selben Zeit abgesehen hatten, in Streit geraten. Er hatte dann sein Junges wiedererkannt, hatte ihm aber die Beere nicht überlassen.

Die Tage wurden kürzer, und die Gesänge des Vogels auch. Er wurde jetzt unruhiger, denn er wußte, daß es nicht mehr lang ging bis zur Abreise.

»Ich wüßte gerne, wo unsere Mönchsgrasmücke den Winter verbringt«, sagte der Mann zu seiner Frau.

»Vielleicht in Tunesien«, sagte die Frau.

»Würdest du Tunesien finden, wenn du dort überwintern müßtest?«

»Ohne dich kaum«, sagte die Frau und lachte.

In einer klaren Nacht wußte der Vogel, daß er aufbrechen mußte. Er erhob sich aus dem Holunderbusch, flatterte auf den Birkenwipfel, setzte sich dort noch einmal auf den obersten Ast, stieß dann ab und schwang sich so hoch hinauf, wie er den ganzen Sommer nie gewesen war, und bald flog er ganz allein weit über den vielen Lichtern, die aus den Behausungen der Menschen drangen. Er kannte den Weg nicht, aber die Sterne kannten ihn, und er verstand die Sprache der Sterne, und die Erde tief unter ihm kannte ihn, und er verstand die Sprache der Erde.

Am andern Morgen sah er unter sich einen See, schwebte zu dessen Ufer hinunter und ließ sich in einem Gehölz nieder, das ins Wasser hineinragte. Dort ruhte er sich den ganzen Tag aus, vergaß aber nicht, einigemale auf Beeren- und Insektensuche zu gehen. In der nächsten Nacht und in den Nächten, die folgten, setzte er seine Reise auf dem unbekannten und doch bekannten Weg fort, seine Reise, die ihn nun in immer wärmere Gegenden brachte, er überflog Gebirge, Ebenen und Küsten, und die Tage brachte er in Flußtälern, Auenwäldern, Friedhöfen und Zypressenhainen zu, er brauchte die Tage nicht zu zählen, konnte es auch nicht, aber nachdem er eine immense Wasserfläche überflogen hatte, waren seine Kraft- und Fettvorräte aufgezehrt, und der Vogel wußte, daß er angekommen war.

Daß er in Nordafrika war, wußte er nicht, er wußte nur, daß er in der Parkanlage der großen Stadt und den vielen Olivenbäumen auf den Hügeln dahinter genügend Nahrung finden würde, um die Zeit bis zu seinem Heimflug zu überstehen. Und so erholte er sich von seiner langen Reise, suchte alles, was grün war, nach Beeren, Käfern und Larven ab, kam langsam wieder zu Kräften, putzte sein Gefieder ausgiebig, wenn er auf dem Rand des großen Springbrunnens saß, um zu trinken, ließ die milde Winterwärme in seinen kleinen Körper einströmen, entkam den Angriffen von Sperbern, Mauswieseln und streunenden Katern, begann allmählich wieder über den Hunger hinaus zu fressen, wurde dadurch fetter, mauserte sich erneut, bis seine Flügeldecken frisch waren und er sich gerüstet fühlte für den Heimflug.

Er wußte, wann die Zeit dafür gekommen war. In der Abenddämmerung erhob er sich von der höchsten Palme des Parks und vertraute sich der Führung der Sterne und der Erde an. Wieder überflog er die immense Wasserfläche, wieder zog er nachts über Küsten, Ebenen und Gebirge, wieder rastete er tagsüber in Zypressenhainen, Friedhöfen, Auenwäldern und Flußtälern, und wieder suchte er den Brutplatz, der ihm vom letzten Mal her vertaut war.

Als er eines Morgens ermüdet im Gehölz des Sees niederging, wußte er, daß dies seine letzte Rast vor der Ankunft sein würde. Den Waldkauz, der dort mit seinem scharfen Schnabel auf ihn lauerte, sah er nicht.

Die Frau trat auf den Balkon zu ihrem Mann, der schon länger dort stand, besorgt, wie ihr schien.

»So, morgen heiratet also unser Sohn«, sagte sie und legte den Arm um ihn, »freust du dich denn nicht?«

Volksmund

BAUERNREGELN

Wenn amol Josephi is
Endet der Winter ganz gewiss. (19.3.)

Joseph klar – gut Honigjahr.

Fürchte nicht den Schnee im März
Drunter schläft ein warmes Herz.

Stellt sich im März schon Donner ein
Dann muss das ein Gewitter sein.

Soviel Nebel im März
Soviel Fröste im Mai
Soviel Gewitter im Sommer.

Wen der März nicht will, den frisst der April.

Der April ist noch so gut,
schneit dem Bauern auf den Hut.

Man mut den April nehmen, as he kummt.

Mag der Wind blasen wie er will.
Ostern kommt vor Ende April.

Maikäferjahr – gutes Jahr.

Vom 8. bis 14. Mai
Müssen Bohnen und Gurken in Boden nei.

Pankrazi, Servazi, Bonifazi, sind drei frostige Bazi
Und zum Schluss fehlt nie
Die kalte Sophie. (12.-15.5.)

Die erste Liebe und der Mai
Gehen selten ohne Frost vorbei.

Trockener Mai – Juni nass
Ist die Regel, merk dir das.

Sonnenscheu und Ofenwarm
Macht den reichsten Bauern arm.

Bauernschweiß ist der beste Dung.

Nicht jede Wolke regnet.

Karl Krolow

FRÜHLING IM GROSSEN UND GANZEN

Im großen und ganzen
geht es mit dem Blühen
gut.
Erst eine Blume,
danach andere.
Das alles in verschiedenen
Farben.
Die kolorierte Landschaft
versorgt Spaziergänger
mit ihren Bedürfnissen.
Man kommt
auf grün zurück,
Vogelflug und
In-die-Hände-Klatschen.
Die aufgeheiterte Tageszeit
nimmt man gern ans Herz.

Wie einst im Mai

Will dir den Frühling zeigen,
der hundert Wunder hat.
Der Frühling ist waldeigen
und kommt nicht in die Stadt.

Nur die weit aus den kalten
Gassen zu zweien gehn
und sich bei den Händen halten –
dürfen ihn einmal sehn.

Rainer Maria Rilke

Novalis

ES FÄRBTE SICH DIE WIESE GRÜN

Es färbte sich die Wiese grün
Und um die Hecken sah ich blühn,
Tagtäglich sah ich neue Kräuter,
Mild war die Luft, der Himmel heiter.
Ich wußte nicht, wie mir geschah,
Und wie das wurde, was ich sah.

Und immer dunkler ward der Wald,
Auch bunter Sänger Aufenthalt,
Es drang mir bald auf allen Wegen
Ihr Klang in süßem Duft entgegen.
Ich wußte nicht, wie mir geschah,
Und wie das wurde, was ich sah.

Es quoll und trieb nun überall
Mit Leben, Farben, Duft und Schall,
Sie schienen gern sich zu vereinen,
Daß alles möchte lieblich scheinen.
Ich wußte nicht, wie mir geschah,
Und wie das wurde, was ich sah.

So dacht ich: ist ein Geist erwacht,
Der alles so lebendig macht
Und der mit tausend schönen Waren
Und Blüten sich will offenbaren?
Ich wußte nicht, wie mir geschah,
Und wie das wurde, was ich sah.

Vielleicht beginnt ein neues Reich –
Der lockre Staub wird zum Gesträuch,
Der Baum nimmt tierische Gebärden,
Das Tier soll gar zum Menschen werden.
Ich wußte nicht, wie mir geschah,
Und wie das wurde, was ich sah.

Wie ich so stand und bei mir sann,
Ein mächtger Trieb in mir begann.
Ein freundlich Mädchen kam gegangen
Und nahm mir jeden Sinn gefangen.
Ich wußte nicht, wie mir geschah,
Und wie das wurde, was ich sah.

Sie ging vorbei, ich grüßte sie,
Sie dankte, das vergeß ich nie –
Ich mußte ihre Hand erfassen
Und Sie schien gern sie mir zu lassen.
Ich wußte nicht, wie mir geschah,
Und wie das wurde, was ich sah.

Uns barg der Wald vor Sonnenschein.
Das ist der Frühling, fiel mir ein.
Kurz um, ich sah, daß jetzt auf Erden
Die Menschen sollten Götter werden.
Nun wußt ich wohl, wie mir geschah,
Und wie das wurde, was ich sah.

Friedrich Müller

TU WAS DIR GEFÄLLT

Tu was dir gefällt! der Frühling ist nun wieder da – Alles genießet der Freude; es paaret sich alles im Grünen und auf der Erde; mein Lämmgen, in meinem Schoß auferzogen, springt fort und sucht sich einen andern Freund; – das Rind springt mutig zum Bullen, und die ganze Herde brüllt ihm froh entgegen, da er stolz zur Weide kehrt; – mein Widder, gebadet im Quell, stellt sich am Buchstamm auf. Trocknet sich in der Sonne. Ei, sieh doch! da fallen zwei buhlende Täubgen aus der Luft, sitzen nieder auf seine verschlungene Hörner. – Der lieblichen Tiergen gewohnt, achtets mein höflicher Widder nicht; sie spielen und schnäbeln auf seinem Haupte fort, stolz auf seine artige Last, geht er und trägt sie, so kosend, unter seine wollichte Frauen.

»Sag, soll einem nicht das Herz im Leibe zerspringen, dem allem zuzusehen, ohn' ein gleiches zu tun?

Guy de Maupassant

Im Frühling

Wenn die ersten schönen Tage wieder da sind und die Natur zu neuem Leben erwacht, wenn die Erde ihr junges Grün anlegt und die Luft uns lind Stirn und Wangen umschmeichelt, wenn ihr duftiger Hauch uns die Brust erfüllt und das Herz weit macht, dann überfällt es uns immer wieder von neuem, dies dunkle Verlangen nach Glück, nach einem nie gekannten Glück, die unbändige Lust, ins Blaue hineinzulaufen, aufs Geratewohl loszurennen, Abenteuer zu erleben und den Frühling in vollen Zügen zu genießen.

Der vergangene Winter war ungewöhnlich rauh und lang gewesen, und so brach denn, als es nun Mai wurde, dieser Drang nach Leben wie ein mächtiger, wie ein überschäumender Rausch in mir aus.

Eines Morgens beim Aufwachen sah ich über die Nachbardächer hinweg mitten in den sonnigen, leuchtenden, blauen Himmel hinein. An den offenen Fenstern zwitscherten wie toll die Kanarienvögel, aus allen Etagen trällerten die Dienstmädchen. Von der Straße schallte fröhlicher Lärm herüber. Und so machte ich mich denn festlich gestimmt auf und schlenderte los, auf gut Glück, dem unbekannten Erlebnis entgegen.

Alle Menschen, die mir begegneten, zeigten heitere Gesichter. Ein Hauch von Glück spielte im warmen Licht des jungen, neuen Frühlings. Es war, als striche ein köstlich frischer Morgenschauer der Liebe durch die ganze Stadt. Und die jungen Frauen, die in ihren duftigen Kleidern vorübertänzelten, Zärtlichkeit in den Augen und wiegende Anmut im Gang, ließen vollends mein Mannesherz höher schlagen.

Ohne zu wissen wie und warum, stand ich mit einem Male am Seineufer. Vergnügungsdampfer rauschten nach Suresnes stromab. Plötzlich packte mich die unbändige Lust, auch so an den Ufern dahinzutreiben und dann drüben durch die Wälder zu streunen.

Auf dem Deck der »Mouche« wimmelte es schon von Ausflüglern – denn so ein erster Sonnenstrahl lockt alles, was Leben in sich fühlt und Mensch heißt, immer wieder hinaus ins Freie. Und so war denn ein Kommen und Gehen, ein Lachen und Plaudern rings um mich auf dem Schiff.

Ich hatte eine hübsche Nachbarin, ein einfaches Mädchen aus dem Volk wohl, aber von der Grazie, die eben nur die Pariserin hat. – ein entzückender Blondkopf, mit Löckchen an den Schläfen. Wie schimmernde Sonnenkringel flimmerte dies Haar, wellte sich um das kleine Ohr, krauselte sich bis zum Nacken hinab, spielte im Wind und lief in ein zartes Büschelchen Flaum aus, so fein, so leicht, so licht, daß man es kaum sah – und doch erregte es die unwiderstehliche Lust, Küsse über Küsse daraufzudrücken.

Während ich sie so beharrlich ansah, wandte sie sich plötzlich um. Ihr Blick streifte den meinen. Dann senkte sie gleich wieder die Augen. Dabei kniff sich ihr kleiner Mundwinkel leicht zusammen zu weichen Fältchen, wie von einem Lächeln, das eben entstehen will; und auch über diesem Grübchen schimmerte es zart und seidig hell wie sonniger Goldstaub.

Die Ufer blieben zurück, der Fluß strömte in ruhigen Wellen breit dahin. Ein wohliges Behagen lag in der warmen Luft, und Nähe und Weite durchwogte lebendiges Murmeln und Raunen. Meine Nachbarin hob wieder den Blick, und diesmal – ich sah sie immer noch an – lächelte sie deutlich. Sie war so reizend, und in ihrem flüchtigen Blick wurde ich tausend Geheimnisse gewahr, tausend Geheimnisse, die ich noch kaum geahnt hatte. Ich sah hinein in unerschlossene Herzenstiefen, in allen Zauber der Liebe, von der wir immer schwärmen, immer träumen –; ich sah es vor mir, leibhaftig, das Glück, das wir ohne Unterlaß suchen. Und mich überkam ein ganz tolles Verlangen, sie in meine Arme zu ziehen, sie irgendwohin zu tragen und ihr die süßesten Liebesworte ins Ohr zu flüstern.

Eben wollte ich den Mund auftun und sie ansprechen, da tippte mich jemand auf die Schulter. Überrascht drehte ich mich um und sah einen alltäglich aussehenden Mann neben mir stehen. Weder jung noch alt schien er zu sein. Er blickte mir tief und trübsinnig in die Augen.

»Ich habe Ihnen etwas mitzuteilen«, murmelte er.

Er mußte mein Mienenspiel wohl deutlich verstanden haben, denn er setzte hinzu: »Äußerst wichtig!«

Ich erhob mich und folgte ihm an die andere Bordseite.

»Monsieur!« fing er an, »– wenn der Winter herannaht mit Frost und Kälte, mit Regenschauern und Schneetreiben, dann schärft Ihnen doch Tag für Tag Ihr Arzt ein: ›Recht schön warm halten – vor allem die Füße! Sehr sich in acht nehmen vor jeder Art Erkältung, Schnupfen, Bronchitis, Brustfellentzündung!‹ Tja, und dann sehn Sie sich doch sofort vor an allen Ecken und Enden, ziehen Flanellhemd und wollne Unterhosen an, hüllen sich in einen dicken Überzieher ein und gehn nur aus in Schnürstiefeln mit Doppelsohlen! Und trotzdem kommen Sie durchaus nicht immer darum herum, doch noch Ihre acht Wochen im Bett zu verbringen. Aber – wenn erst das Lenzen losgeht, die Knospen schwellen und die Säfte steigen, die linden Lüfte Tag und Nacht säuseln und weben, ein betäubender Duft die ganze Welt einhüllt und Ihnen den Verstand umnebelt, daß es Ihnen so grundlos weich ums Herz wird, daß Sie die ganze Welt umarmen könnten, dann kommt nie einer und warnt Sie: ›Monsieur! Achtung – Lebensgefahr! Vorsicht vor der Liebe!! Sie ist gefährlicher als Schnupfen und Bronchitis und Brustfellentzündung! Wen sie hat, den läßt sie nie mehr los! Die besonnensten Männer verführt sie zu

Dummheiten, zu Dummheiten, die nie wieder gutzumachen sind …!‹ Ja, Monsieur, ich, ich sage immer wieder: Jedes Jahr müßte unsere Regierung an allen Ecken weithin sichtbare Plakate ankleben lassen, Riesenplakate mit der Aufschrift:

ACHTUNG! ACHTUNG!
FRÜHLING SCHLEICHT IM STAATE UM!
BÜRGER FRANKREICHS
VORSICHT VOR DER LIEBE!

Solche Riesenplakate! In der gleichen Weise, nur natürlich viel größer im Format, wie man an die Haustüren das Schild hängt: Achtung! Frisch gestrichen! Na, und sehn Sie, weil hier unsere Regierung versagt, darum stehe ich auf dem Standpunkt: dann mußt *du* es eben an ihrer Stelle tun! Und darum warne ich Sie dringend: Vorsicht, größte Vorsicht vor der Liebe! Sie ist drauf und dran, Ihnen den bekannten Ring durch die Nase zu ziehen und …! Wirklich, ich habe geradezu die Pflicht, Sie davor zu warnen, so wie man zum Beispiel in Rußland jeden Daherkommenden darauf aufmerksam machen muß, daß seine Nase auf dem besten Wege ist, ihm zu erfrieren …«

Verblüfft hatte ich bis dahin den Redeschwall dieses komischen Sonderlings über mich ergehen lassen. Die kurze Atempause, die er machte, benutzte ich, um etwas überlegen zu erwidern: »Guter Mann, mir scheint, Sie mischen sich da sehr in Angelegenheiten, die Sie wirklich nichts angehen!«

Er machte eine heftige Bewegung und redete weiter auf mich ein: »Oho, Monsieur! Oho, Monsieur! Wenn ich aber sehe, wie einer da ganz gefährlich hineinschlittert, soll ich den da so einfach futschgehn lassen? Halt! Hören Sie sich doch erst mal meine Geschichte an, dann wird Ihnen klarwerden, weshalb ich Ihnen das alles erzählen muß.

Also, voriges Jahr geschah's, um die gleiche Zeit. Aber vorher muß ich noch erwähnen, Monsieur: Ich bin Staatsangestellter, Sekretär im Marineministerium, in der hohen Behörde, in der sich unsere Herren Kommissäre mit ihren Bürooffizierslitzen so wichtig tun, daß sie sich einbilden, sie könnten uns wie die Schiffsjungen kommandieren! Na, wenn alle Vorgesetzten von dieser Sorte wären – aber Schwamm drüber. Also, wie ich eines schönen Morgens so an meinem Schreibtisch sitze, da guck ich doch unversehens in ein Streifchen wunderbar blauen Himmel hinein, über den die Schwalben nur so hinschossen. Und da packte mich mit einemmal eine unbändige Lust, zwischen meinen verräucherten Aktenständern einen Tanz aufzuführen.

Mein Freiheitsdrang wuchs derartig, daß ich, trotz meines Widerwillens, doch zu meinem Alten ging. Er war ein kleiner, immer bissiger Nörgler. Ich meldete mich krank. Erst stierte er mich an, dann fauchte er los: ›Können Sie mir nicht erzählen, Monsieur! Machen Sie, daß Sie wegkommen! Aber bilden Sie sich etwa ein, mein Büro käme mit solchen Angestellten, wie Sie einer sind, auch nur einen Schritt vorwärts?‹

Ich machte, daß ich fortkam, und strebte schnurstracks der Seine zu. Ein Wetter, sag ich Ihnen – wie heute! Eins, zwei, drei war ich an Bord der ›Mouche‹, um eine kleine Spritztour nach Saint-Cloud zu unternehmen.

Ach, Monsieur, hätte mich doch bloß damals mein Chef abschlägig beschieden: ›Urlaub …! Kommt nicht in Frage!‹

Mir war's an dem Tag, als ginge mir das Herz auf unter der Sonne. Alles begeisterte mich: der Dampfer, der Fluß, die Bäume, die Häuser, alles, was um mich herumsaß – alles! Ich hätte sonstwas umarmen können, ganz egal was. Sehn Sie, Monsieur, das war die Liebe – und ich war auf dem allerbesten Wege, ihr in die Netze zu gehn.

Plötzlich, am Trocadéro, steigt so ein nettes, kleines Mädchen zu – kleines Päckchen in der Hand – und setzt sich mir gegenüber.

Reizend sah das Ding aus! Ja, Monsieur, sonderbar, wie die Frauen in unsern Augen schöner werden, sozusagen mit dem Wetter, wenn's Frühling wird. Etwas Berauschendes, etwas geradezu Bestrickendes haben sie da an sich, so ein ganz unbeschreibliches Etwas. Da ist es einem so, als genieße man edlen Wein nach Käse.

Also, ich sehe sie an, sie sieht mich an, aber nur so mal hin und wieder, genau, wie's da eben die Ihre mit Ihnen gemacht hat. Als wir uns so gegenseitig eine Weile in die Augen geschaut hatten, dünkte mich's, unsere Seelenbekanntschaft genüge nun wohl und wir könnten uns nun mal auch auf andre Weise etwas näherkommen. Und so sprach ich sie an. Sie antwortete. Sie war entschieden nett, in jeder Hinsicht, Monsieur! Sie berauschte mich geradezu, mein Lieber!

In Saint-Cloud stieg sie aus – ich natürlich hinterher. Sie hatte da etwas Geschäftliches zu erledigen. Als sie wieder erschien, war die ›Mouche‹ schon weitergedampft. Wir wandelten auf und ab. Ich immer an ihrer Seite. Es war so lind, so schwül, daß wir beide unwillkürlich leise aufseufzen mußten.

›Oh, wie angenehm mag es jetzt im Walde sein!‹ meinte ich.

Sie hauchte zurück: ›Ach ja!‹

›Wie wär's denn mit einem kleinen Bummel dahin? Haben Sie Lust, mein Fräulein?‹

Sie blitzte mich aus ihren halbgeschlossenen Lidern von der Seite her an, als wolle sie feststellen, was an mir dran sei! Dann zauderte sie einige Augenblicke, und dann sagte sie: ›Ja.‹ Und so schlenderten wir Seite an Seite in den Wald hinein. Über uns nur das lichte, schüttere Laubdach, und unter uns das hohe, weiche, schwellende Gras, leuchtend grün, blitzblank, von Sonnenglanz übergossen und voll von kleinen Lebewesen, die sich auch liebten. Und aus allen Zweigen zwitscherten die Vögel. Meine Begleiterin begann zu hüpfen und Unsinn zu treiben, wie berauscht von der köstlichen Luft, vom Odem der freien Natur. Und ich, ich rannte hinter ihr her und machte Sprünge wie sie. Was für ein Esel man doch sein kann, Monsieur!

Und dann fing sie schmelzend zu singen an, alles mögliche durcheinander, Opernmelodien und ihren Hauptschlager: – das Lied der Musette! Das Lied der Musette! Wie wundervoll poetisch fand ich es damals …! Mir kamen fast die Tränen. Oh, so fängt es immer an, das blöde Gesäusel, das uns den Kopf verdreht. Ich kann Ihnen bloß dringend raten: Nehmen Sie ja keine Frau, die draußen im Grünen zu trällern anfängt – und vollends noch das Lied der Musette!

Sie fühlte sich bald müde und sank an einer Grasböschung nieder. Ich setzte mich ihr zu Füßen und nahm ihre Hände in meine – die kleinen Fingerchen, die von dem ewigen Sticheln ganz zerstochen waren, und das rührte mich so. Ich Schwärmer betete sie heimlich an: ›Da, betrachte sie dir – die heiligen Wundmale der Arbeit!‹ Ha, Wertester, ha, Wertester, ahnen Sie, was es mit ihnen auf sich hat, mit diesen ›heiligen Malen der Arbeit‹? Sie könnten erzählen von all dem Geklatsch und Getratsch im Damenatelier, dem zweideutigen Geflüster und Gewisper, von der Verderbtheit, der verlorenen Unschuld, von all den Streichen und Prahlereien, von den miserablen Angewohnheiten, von der gemeinen Alltäglichkeit, deren Name ›Weib‹ ist – und die sich mir ganz besonders verkörpert in so einem holden Wesen, das solche ›geheiligten Wundmale der Arbeit‹ an den Fingerspitzen trägt.

Und dann schauten wir uns tief und lange in die Augen …

Oh, was so ein Frauenauge für eine Macht haben kann! Wie einen das verwirren, einen an sich saugen kann, einen nie wieder losläßt, geradezu behext! Welche Tiefen sich da aufzutun scheinen, voll von unendlichen Verheißungen! Man nennt das – einander bis auf den Grund der Seele schaun. Oha,

Wertester, nichts als Geflunker! Wenn man wirklich hinein-
guckte, in diese Seele, dann wäre man klüger, bestimmt …

Schließlich hatte sie mich denn soweit: ich war verrückt!
Ich wollte sie in meine Arme ziehen, da zischelte sie lächelnd:
›Tatzen weg!‹

Da kniete ich nieder vor ihr und tat ihr mein ganzes Herz
auf. Alles, was an Zärtlichkeit in mir war, wovon mir das Herz
überquoll, alles schüttete ich aus in ihren Schoß. Sie schien erstaunt über mein plötzliches Umschlagen in Ton und Haltung
und sah mich wieder von der Seite her an, so, als sagte sie sich:
›Aha, mein Kleiner, also auf *die* Art kriegt man dich rum! Na
schön, sehn wir mal weiter.‹

In der Liebe, Wertester, bleiben wir Männer doch immer
die dummen Jungen und die Weibsbilder die Berechnenden.

Ich hätte sie haben können, damals, ohne Frage. Ich war ein
Dussel, begriffen habe ich das erst hinterher. Aber wonach ich
damals verlangte, war nicht bloß ein Körper, das war zärtliche,
›ideale‹ Liebe! Ich wurde gefühlvoll, ich war sentimental, wo
ich meine Zeit wirklich hätte besser nutzen sollen.

Als sie genug von meinen Erklärungen hatte, erhob sie sich,
und wir schlenderten zurück nach Saint-Cloud. Bis an ihre
Pariser Bleibe brachte ich sie. Auf der Heimfahrt machte sie
ein so trauriges Gesicht. Ich fragte, was sie hätte. Sie gab mir
leise zur Antwort: ›Ach, ich denk gerade dran, daß es solche
Tage wie heute wohl nicht viele im Leben gibt …‹ Da schlug
mir das Herz höher, so, als wollte es mir die Brust sprengen.

Am nächsten Sonntag sahen wir uns wieder, am übernäch-
sten auch, und dann auch die andern Sonntage alle. Ich führte
sie aus: nach Bougival, nach Saint-Germain, nach Maisons-
Laffitte, nach Poissy – kurz, überallhin, wo Pariser Liebesleute
ihre Schäkerstunden verleben. Das Teufelsding hatte den
Dreh weg und spielte die Leidenschaftliche.

Schließlich ging mir der Verstand restlos durch und – drei
Monate später führte ich sie heim.

Was sollte ich machen, Wertester? Ein Mann wie ich, Staatsdiener, allein, ohne eine Menschenseele, mit der man sich wirklich aussprechen konnte! Da bildet man sich eben ein, wie wundervoll das Leben sein müßte mit einer kleinen Frau. Tja – und dann heiratet man sie, diese Frau.

Und nun macht sie einem das Leben zur Hölle! Das Gekeife vom Morgen bis in die Nacht hinein! Nichts, aber auch nicht die Spur von Gefühl und Verständnis! Nichts kann sie als in einem fort nur plappern. Und wie sie mit ihrem ewigen Lied der Musette einem die Ohren zerreißt! Oh, dieses Lied der Musette! Diese Nervensäge! Und dann geht das Gepolter los mit dem Kohlenmann, das Getratsch mit der Hausmeisterin über Eheangelegenheiten, das vertrauliche Gewisper mit dem Dienstmädchen der Nachbarin über unsere Schlafzimmergeheimnisse. Und die Blamage, wenn sie den eigenen Mann bei allen Lieferanten um letztes Ansehn und Kredit bringt! Dazu hat so eine ihr bißchen Hirn gestopft voll von so dummen Geschichten, von so blödsinnigen Ansichten, von so grotesken Einbildungen, von so maßlosen Vorurteilen, daß mich jedesmal schon das Heulen ankommt, wenn sie nur ihren Mund auftut.«

Er brach ab in seinem Redeschwall und schnaufte sehr erregt. Ich sah ihn etwas mitleidig an, diesen armen, dummen Teufel, und wollte ihm gerade einiges erwidern, da legte die ›Mouche‹ an der Landungsbrücke an. Wir waren in Saint-Cloud.

Die reizende Kleine, die es mir angetan hatte, erhob sich, um auszusteigen. Sie kam dicht an mir vorbei und streifte mich wieder mit ihrem Blick, ihrem lächelnden Blick, der einen ganz toll machen konnte. Dann sprang sie auf die Landungsbrücke.

Ich wollte ihr nachstürzen, aber mein Beschützer hielt mich am Ärmel fest. Ich riß mich mit einem Ruck los. Da packte er mich an den Rockschößen, zerrte mich rückwärts und redete in einem fort auf mich ein: »Sie werden doch so einer nicht nachsteigen! Sie werden doch so einer nicht nachsteigen!« – und zwar so laut, daß alle Leute zu uns herschauten.

Rings brach schallendes Gelächter los, und ich stand da – in mir kochte es! Aber ich wagte nicht einen Schritt nach dem Ausgang hin zu tun, um den lächerlichen Auftritt nicht noch zu verlängern.

Und so dampfte die ›Mouche‹ mit uns weiter.

Die reizende Kleine war auf der Landungsbrücke stehengeblieben. Mit enttäuschter Miene blickte sie mir nach, mir und meinem Quälgeist, der sich neben mir die Hände rieb und mir ins Ohr zischelte: »Da habe ich Ihnen aber wirklich einen großen Liebesdienst erwiesen, was?«

Franz Hessel

Der Frühlingsdichter

Manchem Dichter ist's gegeben,
Bei dem angenehmen Wetter
In dem Schatten grüner Blätter
Ganz allein sich auszuleben.

Aber ich verlorner Knabe
Fluche zu dem holden Lenze,
Wenn ich niemand bei mir habe,
Der entsprechend mich ergänze.

Und ich pflege nur zu reimen
Auf verwandte Animalien,
Statt enthaltsam hinzuträumen
An beliebten Vegetalien.

Auch die Traum-Adelaiden
Können mich nicht mehr erlösen,
Und ich finde meinen Frieden
Nur bei Miezen, Rosen, Resen.

Eines braven Mädchens Hüfte
Müssen meine Hände streicheln,
Wenn die sanften Frühlingslüfte
Meinen Künstlerhut umschmeicheln.

Dann erst fühl' ich den bezweckten
Dichterdrang auf grüner Flur,
Und mit Käfern und Insekten
Werde ich ein Stück Natur.

Gottfried Keller

Der Frühling war gekommen

Der Frühling war gekommen; schon lagen viele Frühpflanzen, nachdem sie flüchtige schöne Tage hindurch mit ihren Blüten der Menschen Augen vergnügt, nun in stiller Vergessenheit dem stillen Berufe ihres Reifens, der verborgenen Vorbereitung zu ihrer Fortpflanzung ob. Schlüsselblümchen und Veilchen waren spurlos unter dem erstarkten Grase verschwunden, niemand beachtete ihre kleinen Früchtchen. Hingegen breiteten sich Anemonen und die blauen Sterne des Immergrün zahllos aus um die lichten Stämme junger Birken, am Eingange der Gehölze, die Lenzsonne durchschaute und überschien die Räumlichkeiten zwischen den Bäumen, vergoldete den bunten Waldboden; denn noch sah es hell und geräumig aus, wie in dem Hause eines Gelehrten, dessen Liebste dasselbe in Ordnung gebracht und aufgeputzt hat, ehe er von einer Reise zurückkommt und bald alles in die alte tolle Verwirrung versetzt. Bescheiden und abgemessen nahm das zartgrüne Laubwerk seinen Platz und ließ kaum ahnen, welche Gewalt und Herrlichkeit in ihm harrte. Die Blättchen saßen symmetrisch und zierlich an den Zweigen, zählbar, ein wenig steif, wie von der Putzmacherin angeordnet, die Einkerbungen und Fältchen noch höchst exakt und sauber, wie in Papier geschnitten und gepreßt, die Stiele und Zweigelchen rötlich lackiert, alles äußerst aufgedonnert. Frohe Lüfte wehten, am Himmel kräuselten sich glänzende Wolken, es kräuselte sich das junge Gras an den Rainen, die Wolle auf dem Rücken der Lämmer, überall bewegte es sich leise mutwillig, die losen Flocken im Genicke der jungen Mädchen kräuselten sich, wenn sie in der Frühlingsluft gingen, es kräuselte sich in meinem Herzen. Ich lief über alle Höhen und blies an einsamen, schön gelegenen Stellen stundenlang auf einer alten großen Flöte, welche ich seit einem Jahre besaß. Nachdem ich die ersten Griffe einem musikalischen Schuhmachergesellen abgelernt, war an weiteren Unterricht nicht zu denken und die ehemaligen Schulübungen waren längst in ein tiefes Meer der dunkelsten Vergessenheit geraten. Darum bildete sich, da ich doch bis zum Übermaß anhaltend spielte, eine wildgewachsene Fertigkeit aus, welche sich in den wunderlichsten Trillern, Läufen und Kadenzen erging. Ich konnte ebenso fertig blasen, was ich mit dem Munde pfeifen oder aus dem Kopfe singen konnte, aber nur in der härteren Tonart, die weichere hatte ich allerdings empfunden und wußte sie auch hervorzubringen, aber dann mußte ich langsam und vorsichtiger spielen, so daß diese Stellen gar melancholisch und vielfach gebrochen sich zwischen den übrigen Lärm verflochten. Musikkundige, welche in entfernterer Nachbarschaft mein Spiel hörten, hielten dasselbe für etwas Rechtes, belobten mich und luden mich ein, an ihren Unterhaltungen teilzunehmen. Als ich mich aber mit meiner mächtigen braunen Röhre einfand, deren Klappe einer messingenen Türklinke glich, und verlegen und mit bösem Gewissen die Ebenholzinstrumente mit einer Unzahl silberner Schlüssel, die stattlichen Notenblätter sah, bedeckt von Hieroglyphen, da stellte es sich heraus, daß ich rein zu gar nichts zu gebrauchen, und die Nachbaren schüttelten verwundert die Köpfe. Desto eifriger erfüllte ich nun die freie Luft mit meinem Flötenspiele, welches dem schmetternden und doch monotonen Gesange eines großen Vogels gleichen mochte, und empfand, unter stillen Waldsäumen liegend, innig das schäferliche Vergnügen des siebzehnten Jahrhunderts und zwar ohne Absicht und Gemachtheit.

Um diese Zeit hörte ich ein flüchtiges Wort, Anna sei in ihre Heimat zurückgekehrt. Ich hatte sie nun seit zwei Jahren nicht gesehen, wir beide gingen unserem sechszehnten Geburtstage entgegen. Sogleich rüstete ich mich zur Übersiedelung nach dem Dorfe und machte mich eines Sonnabends wohlgemut auf die geliebten Wege. Meine Stimme war gebrochen und ich sang, dieselbe mißbrauchend, mich müd durch die hallenden Wälder. Dann hielt ich inne und die seit kurzem gekommene Tiefe meiner Töne bedenkend, dachte ich an Annas Stimme und suchte mir einzubilden, welchen Klang sie nun haben möge. Darauf bedachte ich ihre Größe, und da ich selbst in der Zeit rasch gewachsen, so konnte ich mich eines kleinen Schauers nicht erwehren, wenn ich mir die Gestalt sechszehnjähriger Mädchen unserer Stadt vorstellte. Dazwischen schwebte mir immer das halbkindliche Bild am See oder auf jenem Grabe vor, mit seiner Halskrause, seinen Goldzöpfen und freundlich unschuldigen Augen. Dies Bild verscheuchte einigermaßen die Unsicherheit und Zaghaftigkeit, welche sich meiner bemächtigen wollten, daß ich getrost fürbaß schritt und am Abend das Haus meines Oheims in alter Ordnung und lauter Fröhlichkeit fand.

Doch nur die älteren Personen waren sich eigentlich ganz gleich geblieben, das junge Volk ließ einen etwas veränderten Ton in Scherz und Reden merklich werden. Als nach dem Nachtessen sich die Ältern zurückgezogen und einige junge ledige Dorfbewohner beiderlei Geschlechtes dafür ankamen, um noch einige Stunden zu plaudern, bemerkte ich, daß die Gegenstände der Liebe und der geschlechtlichen Verhältnisse nun ausschließlicher und ausgeprägter der Stoff der neckischen Gespräche geworden, aber so, daß die Jünglinge mit gleichgültig verwegener und etwas spöttischer Galanterie den Schein tieferer Empfindung zu verhüllen, die Mädchen eine große Sprödigkeit, Männerverachtung und jungfräuliche Selbstzufriedenheit an den Tag zu legen bemüht schienen, und an der Art und Weise, wie die sich kreuzenden Scherze und Angriffe hier reizten, dort scheinbar verletzten, war

nicht zu verkennen, daß hier die Kristallelemente zusammen-
zuschießen auf dem Punkte waren.

Ich war anfangs still und suchte mich in den wort- und
witzreichen Scharmützeln zurechtzufinden; die Mädchen
betrachteten mich als einen anspruchslosen Neutralen und
schienen einen frommen und bescheidenen Knappen an
mir gewinnen zu wollen. Doch unversehens nahm ich, das
Scheingefecht für vollen Ernst haltend, die Partei meines
Geschlechts. Die vermeintliche Bedürfnislosigkeit und stol-
ze Selbstverklärung der Schönen schien mir gefährlich und
beleidigend und entsprach nicht im mindesten meinen Ge-
fühlen. Aber leider setzte ich, anstatt mich der praktischeren
und beliebteren Waffen meiner Genossen zu bedienen, kna-
benhafter- und ungalanterweise den Mädchen ihre eigene
Kriegführung entgegen. Der trotzige Stoizismus, welchen ich
gegen das jungfräuliche Selbstgenügen aufwandte, warf mich
um so schneller in eine isolierte und gefährliche Stellung, als
ich in meiner Einfalt augenblicklich selber daran glaubte und
mit heftigem Ernste verfuhr.

Ich vereinigte sogleich alle Pfeile des Spottes auf mich,
als ein nicht zu duldender Aufrührer; die männlichen Teil-
nehmer ließen mich auch im Stich oder hetzten mich fälsch-
licherweise auf, um bei den erzürnten Mädchen desto besser
ihre Rechnung zu finden, worüber ich wieder verdrießlich
und eifersüchtig ward, und es ärgerte mich gewaltig, wenn
ich bemerkte, wie mitten im Kriege die verständnisvollen
Blicke häufiger fielen und der schöne Feind seine Hände den
Burschen immer anhaltender und williger überließ. Kurz,
als die Gesellschaft auseinanderging und ich die Treppe hin-
anstieg als ein erklärter Weiberfeind, verfolgten mich die drei
Basen, jede ihr Nachtlämpchen tragend, spottend bis vor
die Tür meines Schlafzimmers. Dort wandte ich mich um
und rief: Geht, ihr törichten Jungfrauen mit euren Lampen!
Obgleich jede nur zu bald ihren irdischen Bräutigam haben

wird, fürchte ich doch, das Öl eurer Geduld reiche nicht aus für die kürzeste Frist; löscht eure Lichter und schämt euch im Dunklen, so spart ihr das bißchen Öl, ihr verliebten Dinger!

Eine Magd trug gerade ein Becken mit Wasser hinein; sie tauchten ihre Finger in das Wasser und spritzten mir dasselbe ins Gesicht, während sie mit ihren brennenden Lämpchen mir um Haar und Nase herumzündeten und mich hart bedrängten. »Mit Feuer und Wasser«, sagten sie, »taufen wir dich zu ewigem Frauenhasse! Nie soll Eine wünschen, diesen Haß schwinden zu sehen und das Licht der Liebe soll dir für immerdar erlöschen! Schlafen Sie recht wohl, gestrenger Herr, und träumen Sie von keinem Mädchen!« Hiermit bliesen sie meine Kerze aus und huschten auseinander, daß ihre Lichtchen in dem dunklen Hause verschwanden und ich im Finstern stand. Ich tappte in das Zimmer, stieß an alle Gegenstände und streute in der Dunkelheit mißmutig meine Kleider auf dem Boden umher. Und als ich endlich das Kopfende des Bettes gefunden und mich rasch unter die Decke schwingen wollte, fuhr ich mit den Füßen in einen verwünschten Sack, daß ich sie nicht ausstrecken konnte, sondern in meiner gewaltsamen Bewegung auf das unangenehmste gehemmt und zusammengebogen wurde. Die Leintücher waren, infolge einer ländlich-sittlichen Neckerei, so künstlich ineinander geschürzt und gefaltet, daß es allen meinen ungeduldigen Bemühungen nicht gelang, sie zu entwirren, und ich mußte mich in der unbequemsten und lächerlichsten Lage von der Welt zum Schlafe zusammenkauern. Allein dieser wollte trotz meiner Müdigkeit sich nicht einfinden; ein ärgerliches und beschämendes Gefühl, daß ich mich in eine schiefe Stellung geworfen, die Besorgnis, wie Anna sich zu all diesem verhalten würde, und das verhexte Bett ließen mich die Augen nur auf Augenblicke schließen, wo dann die unruhigsten Traumbilder mich verfolgten. Die Nacht im Tale war unruhig und geräuschvoll, denn es war diejenige des Sonnabends auf den

Sonntag, in welcher die ledigen Bursche bis zum Morgen zu schwärmen und ihren Liebeswegen nachzugehen pflegen. Ein Teil derselben durchzog in Haufen singend und jauchzend die nächtliche Gegend, bald fern, bald nah laut werdend; ein anderer Teil schlich einzeln um die Wohnungen her, mit verhaltner Stimme Mädchennamen rufend, Leitern anlegend, Steinchen an Fensterladen werfend. Ich stand auf und öffnete das Fenster; balsamische Mailuft strömte mir entgegen, die Sterne zwinkerten verliebt hernieder, ein Kätzchen duckte sich um die eine Hausecke, um die andere bog ein schlanker Schatten mit einer langen Leiter und lehnte sie an das Haus, drei oder vier Fenster von mir. Rüstig klomm er die Sprossen entlang und rief halblaut den Namen der ältesten Base, worauf das Fenster leise aufging und ein trauliches Geflüster begann, von einem Geräusche unterbrochen, welches von demjenigen feuriger Küsse nicht im mindesten zu unterscheiden war. »Oho!« dachte ich, »das sind feine Geschichten!« und indem ich so dachte, sah ich einen anderen Schatten aus dem Fenster der mittleren Base, welche eine Treppe tiefer schlief, sich auf den Ast eines nahen Baumes schwingen und flink zur Erde gleiten; kaum war er aber fünfzig Schritte entfernt, so brach er, den fernen Nachtschwärmern antwortend, in ein mörderliches Jauchzen aus, welches weithin widerhallte.

Mit sehr gemischten Empfindungen machte ich vorsichtig das Fenster zu und suchte in meinem boshaften Leinwandlabyrinth Mädchen, Liebe, Mainacht und Verdruß zu vergessen.

Walther von der Vogelweide

UNTER DER LINDE

I

Unter der Linde auf der Heide, wo wir beieinander ruhten, er und ich, da findet ihr liebevoll gebrochen Blumen und Grün. Vor dem Wald in einem Tal – tandaradei – sang schön die Nachtigall.

II

Ich kam zu der Wiese gegangen, mein Liebster war schon da. Und er empfing mich: ›Du schöne Herrin!‹, da bin ich nun glücklich auf immer. Ob er mich küßte? Tausendmal – tandaradei –; seht, wie rot meine Lippen sind.

III

Er hat uns aus Blumen ein reiches Lager bereitet; wer hinkommt und es findet, wird lachen und sich innig freun. Er weiß, wo die Rosen liegen – tandaradei –, da ruhte mein Haupt.

IV

Daß er bei mir lag, wüßte es jemand (o nein, lieber Gott!), so müßt' ich mich schämen. Was er mir zuliebe tat – niemand soll je es wissen, nur er und ich und die Nachtigall – tandaradei –, die wird gewiß verschwiegen sein.

Norbert Johannimloh

DIE MAIANDACHT

Die Buschwindröschen, die aus dem vergilbten Gras des letzten Herbstes herauswuchsen, zurückgezogen unter Bäumen und Sträuchern ihre weißen Kelche mit einem Hauch von Röte öffneten, sie waren für mich die schönsten Blumen. »Die schönsten« ist vielleicht nicht richtig gesagt. Sie waren eher Boten, die etwas sehr Schönes ankündigten. Wenn sie unter den Büschen am Dalkebach ihre Kelche der Sonne hinhielten, dann dauerte es nicht mehr lange, bis die ganze Wäßelwiese gelb war von Schlüsselblumen, bis die Birken am Wegrand grün wurden und dufteten wie ich weiß nicht was, bis der Mai gekommen war. Und der Mai war der schönste Monat nicht wegen lauer Lüfte und bunter Blumen und bezaubernder Düfte, sondern wegen der Maiandacht, die jeden Abend um acht in der Dorfkirche zu Ehren der Jungfrau und Gottesmutter Maria gehalten wurde.

Auch zu Hause wurde ein Maiandachtsaltar aufgebaut, und zwar in der Ecke der Wohnküche, wo die Soldatenfotos hingen, Papa und die großen Brüder und Schwäger, alle in zackiger Uniform, feldgrau. Auf der alten Phoenix-Nähmaschine wurde eine Marienstatue aufgestellt. Die war sehr schlank, hatte unter hellblauem Umhang ein weißes Kleid an, das bis auf den Boden reichte, man sah nur steife Falten, aber keine Beine und keinen Bauch und auch keine Brust. Da, wo eigentlich die Brust sein mußte, hatte sie ein blutrotes Herz, und damit man das auch ja zu sehen kriegte, zog sie mit beiden Händen das Kleid auseinander. Unten auf dem Sockel stand geschrieben: »Du vortreffliches Gefäß der Andacht.« Diese merkwürdige Unterschrift war mir bekannt, obwohl ich sie nicht verstand. Es handelte sich um eine der vielen Anrufungen aus der Lauretanischen Litanei, die fast in jeder Maiandacht gebetet wurde: … »Du geistliches Gefäß, Du ehrwürdiges Gefäß, Du geheimnisvolle Rose, Du Turm Davids, Du elfenbeinerner Turm«, mit heller Singsangstimme schickte der Vikar diese Anrufungen zur Madonna hinauf. Mit dumpfem Gemurmel antwortete das Volk jedesmal: »Bitte für uns!« Irgendwann kam dann auch immer das, was auf dem Sockel unserer Hausmadonna stand: »Du vortreffliches Gefäß der Andacht«. Ich fand diese Maria nicht vortrefflich. Sie war viel zu mager. Und vor allem hatte sie keine Schürze um, unter die man hätte kriechen können. Und man konnte auch nicht den Kopf an ihre Brust drücken. Da war ja das blutrote Herz, das für mich kein ›Gefäß der Andacht‹ sein konnte, weil es mich immer daran erinnerte, wie der Schlächter meiner Muttmutt den Bauch aufschnitt, daß die Innereien hervorquollen. Nein, dies war nicht meine Madonna, wenn ich auch dafür sorgte, daß zu ihren Füßen immer ein dicker Bund Schlüsselblumen stand. Gott sei Dank wurde die abendliche Maiandacht nicht bei uns zu Hause abgehalten. Papa und Mama hielten es für wirkungsvoller, wenn möglichst viele aus der Familie zur Kirche fuhren. Auch die Blagen wurden hingeschickt. Auf diese Weise durften wir wenigstens einen Monat im Jahr ein bißchen länger aufbleiben.

In dem Jahr, als ich 13 geworden war, war jede Maiandacht eine aufregende Sache. Ich ging in der Kirche nicht in die Bank, die für uns Schüler von der Widei-Schule vorgesehen und vorgeschrieben war, damit der Lehrer Anwesenheit und Betragen kontrollieren konnte. Ich setzte mich einfach weiter hinten in eine Bank, von der aus ich die Mädchenbank der Bornholter Schule beobachten konnte, ohne mir die Augen zu verrenken. Mich interessierte natürlich nicht die ganze Bank, mich interessierte nur Annegret. Und so manche Maiandacht lang schaute ich nicht zur Madonna auf, sondern schielte zu Annegret rüber. Einmal hatte sie den ersten Platz am Mittelgang, und ich konnte sie die ganze Zeit, fast ohne zu schielen, schräg vor mir sehen, nur etwa 3 bis 4 Meter entfernt. Ihre Füße und Unterschenkel waren zwar durch die Sitzbank verdeckt. Aber von den Knien an aufwärts hatte ich sie leibhaftig vor mir. Sie hatte ein hellgelbes Kleid an, das ziemlich eng anlag. Wenn sie sich beim Niederknien ein wenig vorbeugte, wölbte sich sanft ein wunderschöner Brötchenpopo unter dem gelben Kleid. Schade, daß sie im fernen Bornholte und nicht bei uns in der Nachbarschaft wohnte. Sonst hätte sich vielleicht mal eine Gelegenheit ergeben. Nicht so wie bei Elfriede auf der Kuhweide unter der Pferdedecke. Das meine ich nicht. Nein, so ganz zwanglos und harmlos beim nachbarschaftlichen Schinkenkloppen. – Das war ein beliebtes Gesellschaftsspiel im Nachbarhaus. Die Großen spielten es oft stundenlang mit wachsender Begeisterung, und zwar so intensiv, daß mancher am nächsten Tag nicht auf seinem Po sitzen konnte. Aber das war ja nicht schlimm, denn außer zu den Mahlzeiten hatte kaum jemand Gelegenheit zu sitzen.

Einmal – es war beim Polterabend – ging es besonders wild zu beim Schinkenkloppen. Alle hatten jede Menge Bier und ›Würgengel‹ und ›Stacheldraht‹ – so hießen die heimischen Schnaps-Spezialitäten tatsächlich – gesoffen und waren in bester Stimmung. Das Schinkenkloppen fand vor der Haustür im Mondschein statt. Es war ein Mords-Spektakel, denn Konrad hatte schon zum x-ten Male falsch geraten und mußte immer wieder seinen Hintern hinhalten. Es schien ihm nichts auszumachen, obwohl kräftig hingelangt wurde. Ich glaube, er tippte extra immer auf den falschen, weil er dranbleiben wollte. Jedesmal wenn er bei Gisela einbucken mußte, warf sie den Kopf in den Nacken und stieß einen quietschenden Juchzer aus. Aber das ging unter im allgemeinen Hoho und Haha und Buhai. Es war nicht viel zu sehen bei dem Mondscheinlicht, zumal der Mond noch hinter einem großen Apfelbaum stand. Ich lag hinter der Hainbuchen-Hecke am Boden, weil ich eigentlich längst im Bett sein mußte. Aus dieser Frosch-perspektive konnte ich ziemlich genau sehen, was Konrad machte, bevor Gisela ihren Kopf in den Nacken warf und ihren Quietsch-Juchzer ausstieß. Aber warum dachte ich an sowas in der Maiandacht?

Der Vikar leierte mit seiner jungfräulichen Singsang-Stim-me: »Heilige Gottesgebärerin, Heilige Jungfrau der Jung-frauen, Du reinste Mutter, Du keuscheste Mutter, Du unver-sehrte Mutter, Du unbefleckte Mutter, Du liebliche Mutter, Du wunderbare Mutter, Du Mutter des guten Rates.« Nach jeder Anrufung murmelte dumpf das Volk: »Bitte für uns!« Ich murmelte mit und dachte an das Schinkenkloppen am Polterabend im Nachbarhaus. – »Du weiseste Jungfrau, Du ehrwürdige Jungfrau, Du lobwürdige Jungfrau, Du mächtige Jungfrau, Du gütige Jungfrau – Bitte für uns, bitte für uns, bitte für uns.« Ich betete mit und schielte zu dem wunder-schönen Brötchen von Annegret hinüber, nur 3 bis 4 Meter von mir und doch unerreichbar. Nein, sowas, was Konrad mit Gisela beim Schinkenkloppen am Polterabend gemacht hatte, wollte ich ganz bestimmt nicht mit Annegret machen. Ich betete sie an, wenn ich auch immer wieder auf ihr Po-pöchen gucken mußte. Beim Schinkenkloppen hätte ich ihr nur einen ganz leichten Klaps auf den Po gegeben, sanft und gefühlvoll und hätte erwartet, daß sie sofort wußte, daß nur ich ihr solch einen zärtlichen Klaps gegeben haben konnte. Und sie hätte mich angeschaut mit ihren unbeschreiblichen Augen und hätte nicht mit dem Finger auf mich gezeigt, wie es sonst bei dem Spiel üblich war, sie hätte mich nur an-geschaut. Dafür hätte ich Kloppe hingenommen noch und noch. Aber eigentlich wäre es noch schöner gewesen, wenn sie nur als Einbuck-Kissen mitgespielt hätte. Dann hätte ich mein Gesicht in ihren Schoß drücken können.

»… o Königin, Glück der Erdgeborenen, Hilfe der Christen, einzige Hoffnung der Sünder, Wonne des Alls, jungfräuliche Mutter, schöner als alle Jungfrauen, erhaben über die himmlischen Mächte, Herrscherin, Allkönigin, Entzücken der Menschheit, jungfräuliche Mutter, jungfräuliche Mutter, jungfräuliche Mutter.« Der Vikar betete schon längst wieder was anderes.

Aber ich hatte immer noch im Ohr: »Jungfräuliche Mutter.« Zwischendurch sang die Gemeinde: »Meerstern, ich dich grüße, o Maria hilf! Gottes Mutter, süße, o Maria hilf! Maria hilf uns all hier in diesem Jammertal!« Der Küster, jugendbewegt, war mit der Orgel immer ein paar Noten voraus. Aber die Gemeinde ließ sich dadurch nicht beirren. Sie kostete die stimmungsvollen Schleifen der Melodie aus mit anhaltender Inbrunst. Ich sang die langgezogenen Schleifen aus vollem Herzen mit.

Wenn die Maiandacht aus war, wartete ich solange, bis Annegret ging. Das war eine Gelegenheit, ihr wenigstens für einige Sekunden ins Gesicht zu sehen. Wenn sie aus der Bank trat, graziös ihre Kniebeuge machte, wobei die langen Zöpfe fast den Boden berührten, und sich dann zum Gehen umwandte, konnte ich sie für eine kurze Weile von vorn sehen, ihre sanft gewölbte Brust, ihren Mund und ihre Augen, für die ich einfach keine passenden Eigenschaftswörter finden kann. Für eine kleine Weile konnte sie dann auch mich sehen, und ich meinte, sie müsse mich so anschauen, wie ich sie anschaute. Aber sicher war ich nicht. Sie kannte mich ja gar nicht. Bornholte und Widei, das lag 3 km auseinander. Dazwischen floß der Wühlbach, und überhaupt, das Wasser war viel zu tief. Ich hatte zwar auf vielen Umwegen herausgekriegt, wie sie hieß. Ich war ihr eines Morgens nach der Messe einfach nachgefahren, in großem Abstand natürlich, so daß sie nichts merken konnte, bis tief in die Bauerschaft Bornholte, hatte herausgekriegt, wo sie wohnte, war in einem Anfall von Tollkühnheit direkt vor die Haustür gefahren und hatte das Namensschild gelesen. Jetzt wußte ich zwar ihren Familiennamen. Aber viel wichtiger war mir der Vorname. Wie sollte ich den herauskriegen? Ein Zufall kam mir zu Hilfe. Vor der Kirche beim Aufschließen der Fahrräder rief eine Mitschülerin ihr etwas zu und rief sie beim Namen: Annegret. Jetzt wußte ich, was ich wissen wollte. Ich schwang mich sofort aufs Fahrrad. Auf dem Nachhauseweg schaute ich mich an jeder Biegung der Appelbaumchaussee um und rief ihren Namen. Aber leise, wie eine geheime Zauberformel. Am Birkenweg kletterte ich an einer weißen Birke hoch und flüsterte dabei »Annegret«. Ich ging tief in den Tengerschen Wald. Auf einer Lichtung rief ich halblaut »Annegret«. Ich konnte es doch nicht für mich behalten. Ich stellte mich an den Rand der Autobahn. Und wenn ein dicker Brummer vorbeibrauste, brüllte ich so laut ich konnte: »Annegret!«

Aber Annegret wohnte nicht in der Nachbarschaft, wo man ganz zwanglos Kontakt aufnehmen konnte, und Annegret ging auch nicht in dieselbe Schule. Annegret wohnte in Bornholte, weit hinter dem Wühlbach. Aber wir beide gehörten zur selben Kirche, und da mußte ich ansetzen, wenn ich ihr näherkommen wollte. Morgens nach der Messe fuhr ich immer einen sinnlosen Umweg, um ihr auf dem Heimweg zu begegnen, um ihr für einen Augenblick in die Augen sehen zu können. Es war wirklich immer nur ein Augenblick, denn mit dem Fahrrad ist man ja schnell aneinander vorbei, wenn man in entgegengesetzter Richtung fährt. Ich sah sie nur an und sagte nicht mal ›Guten Morgen‹, denn wir kannten uns ja nicht. Ich hatte einen Brief an Annegret geschrieben, der alles klar machte, aber ich fand keinen Weg, ihn ihr zu geben. Zuerst hatte ich den Plan, den Brief hinten in der Kirche zu überreichen, wenn Annegret nach der Messe oder Maiandacht herausgehen wollte. Die Kirche schien mir der rechte Ort zu sein für die Übergabe meines Briefes, weil hier ja auch unter dem Monokel des göttlichen Dreiecks die Ehen geschlossen wurden. Ja, es war mir sehr ernst mit Annegret und mit meinem Brief, so ernst, daß ich mich nicht traute, ihn zu übergeben. Zwar trug ich ihn ständig bei mir, wenn ich zur Kirche fuhr. Aber nie traf ich sie allein in der Kirche. Irgendeine Oma mußte regelmäßig just dann herausschlurfen, wenn Annegret herausging. Ich konnte den Brief nicht loswerden. Er war mit der Zeit schon ganz zerknittert, und vor allem war er mit der Zeit immer dicker geworden, weil ich fast jeden Tag ein neues Blatt hinzuschrieb. Es handelte sich nicht mehr nur um eine simple Liebeserklärung. Ich eilte den Ereignissen weit voraus und entwarf unser gemeinsames Leben in allen Einzelheiten. Sie sollte immer sonnenblumengelbe Kleider tragen und himmelblaue Schürzen und schneeweiße Unterwäsche, stand in dem Brief. In unserm Garten sollte es Apfel-, Birn-, Kirsch-, Pfirsich- und Pflaumenbäume geben, und Stachel- und Johannisbeeren, und vor allem Erdbeeren, wegen der weißen Blüten mit dem goldenen Herzstück. Unser Haus mußte einen Heu- und Strohboden unterm Dach haben, selbst wenn wir keine Kuh haben sollten. Auf jeden Fall aber mußte ein Schweinestall eingeplant werden. Ein Haus ohne molligen Schweinestall, das war undenkbar für mich. Dies hatte ich in dem Brief in aller Deutlichkeit gesagt, weil mir dies einer der wichtigsten Punkte zu sein schien, über den von allem Anfang an Klarheit herrschen mußte, wenn ein glückliches Zusammenleben gesichert sein sollte. Eine besondere Vorstellung hatte ich auch noch von unserem zukünftigen Ehebett. Es mußte ein kreisrundes Bett sein. Sowas gab es natürlich nicht zu kaufen. Ich würde es selber bauen müssen. Und zwar aus hellen Birkenstämmen. Und die Bettbezüge mußten ein Buschwindröschen-Muster haben, brauner Untergrund, grüne Blätter und weiße Blüten mit einem Hauch von Röte. – Das alles stand in dem Brief an Annegret, und täglich fügte ich einen weiteren Mosaikstein unseres zukünftigen Zusammenlebens hinzu. Der Brief wurde dick wie ein Roman, weil ich keine Gelegenheit fand, ihn zu überreichen. Und nachdem nun schon so viel darin stand, konnte man ihn ja auch kaum noch so ohne weiteres wie eine Weihnachtskarte losschicken. Es mußte der Überreichung des gewichtigen Briefes etwas vorausgehen. Ich konnte Annegret nicht unvorbereitet ein Gemälde unseres gemeinsamen Buschwindröschen-Rundbettes überreichen, nachdem ich bisher noch nicht mal gewagt hatte, sie zu grüßen. Das wurde mir allmählich klar. Ich mußte versuchen, irgendwie mit ihr in ein zwangloses Gespräch zu kommen. Ich hatte eine Idee: Wir hatten in unserem Garten einen Sommerapfelbaum, der wirklich einmalige Äpfel trug. Ich habe später nirgendwo in der Welt Äpfel gefunden, die so gut schmeckten und so gut aussahen wie die Äpfel von unserem verkrüppelten Sommerapfelbaum. Den schönsten suchte ich aus, pflückte ihn vorsichtig, wickelte den goldgelben Sommerapfel in blaues Seidenpapier, das vom Papierrosenmachen des letzten Polterabends übriggeblieben war, fuhr am nächsten Morgen zur Kirche und legte das Päckchen auf den Gepäckträger von Annegrets Fahrrad. Ich blieb in einiger Entfernung stehen und war nunmehr fest entschlossen, ihren zu erwartenden Ausruf »Was ist denn das?« oder so ähnlich zum Anlaß zu nehmen, die Sache aufzuklären und endlich mit ihr zu sprechen. Ich wartete ungeduldig und las x-mal die Inschrift am Kreuz vor mir: Rette deine Seele! Die Messe war endlos. Aber dann war sie endlich doch aus. Und Annegret kam heraus. Aber nicht allein. Sie hatte einen größeren Jungen bei sich, den sie gut zu kennen schien, denn die beiden flachsten miteinander. Als sie das blaue Päckchen auf ihrem Gepäckträger entdeckte, rief sie programmgemäß aus: »Was ist denn das?« Aber das weitere verlief nicht programmgemäß. Sie machte das Seidenpapier ab und hielt den schönsten Sommerapfel der Welt in der Hand und sagte: »Ein Apfel.« Und zu ihrem Begleiter gewandt: »Magst du einen Apfel? Ich esse lieber Birnen.« Der nahm den Apfel und biß sofort hinein. »Nicht schlecht«, sagte er schmatzend. Dann stiegen beide auf ihre Räder und fuhren gemeinsam ab. Ich stand da wie eine Vogelscheuche.

Später fuhr ich zur Wühlbachbrücke, nahm den dicken Brief an Annegret aus der Tasche über dem Herzen, zerriß die Blätter in tausend Stücke, streute das Papier-Häcksel ins Wasser und sah die Fetzen davonschwimmen, vom Wühlbach in die Dalke, von der Dalke in die Ems und von der Ems ins Meer. Der heilige Nepomuk, der Märtyrer der Verschwiegenheit, sah mir über die Schulter.

Günter Bergsohn

Der Frühling kommt

Der Frühling kommt und wenn er auch zu kalt ist und
    verregnet,
So bin ich doch am Donnerstag dem ersten Rock begegnet.

Es war das Röckchen einer Frau, die ganz erbärmlich fror.
Sie trug es übern Rathausplatz und kam sich mutig vor.

So mutig und so zauberhaft wie Rosen im April.
Ist immer wieder schön. Kann einer sagen was er will.

Der Frühling kommt, und ist er auch verregnet und zu kalt,
So merkt man doch an allerhand: aha, jetzt kommt er bald.

An erster Stelle wollen wir die Müdigkeit erwähnen,
Und was damit verbunden ist: das große Frühjahrsgähnen.

Sobald die erste Sonne scheint, beginnt der Pollenflug.
Wir wissen nicht, ob man dazu den Apotheker frug.

Die Allergie, man weiß es aus Erfahrung ganz genau,
Sie brennt und juckt in Ohren, Augen, Nase wie die Sau.

Es gibt dann noch den Frühjahrsputz, die Frühjahrskur, die
    Mode.
Wie man am besten Spargel isst, das weiß der Thilo Bode.

Im März beginnt die Sommerzeit, und wenn man dieses weiß,
Dann zahlt man halt ein bisschen mehr für eine Kugel Eis.

Das kennt man aus dem letzten Jahr. Das ist ein alter
    Brauch.
Das muss so sein. Für Milch und Butter gilt das Selbe auch.

Er ist verregnet und zu kalt, jedoch der Frühling naht,
Im Mistbeet träumt die Schnecke schon von frischem
    Kopfsalat.

Ich merk es auch – zwei handbreit ca. oberhalb vom Bauch.
Zwei handbreit unterhalb desselben merke ich es auch.

Das kommt von den Hormonen, die jetzt durch die Lüfte
    wehn.
Von mir aus könnte es das ganze Jahr so weitergehn.

Klabund

DIE ERSTE SCHWALBE

Als der alte Marienkirchturm noch in Crossen stand, da versah einmal das Amt eines Turmwächters ein junger Bursche von kaum zwanzig Jahren. Er war erst zwanzig Jahre alt, aber niemand hätte ihm beim ersten Anblick diese zwanzig Jahr geglaubt. Furchen liefen durch sein Gesicht, seine Haare waren weiß, er ging gebückt, als trüge er einen Buckel. Er sah einem Greis von siebenzig so ähnlich wie eine Grasmücke der andern. Sein Wesen war grimmig, mürrisch und verschlossen. Niemand fand den Schlüssel zu seinem Herzen. Niemand den Grund seines frühen Alterns. Sein Name war Schwalm. Aber wenn man ihn grüßte: »Guten Tag, Herr Schwalm«, so gab er keine Antwort und hob kaum den zittrigen Kopf.

Es war wieder einmal ein Winter ins Land gegangen. Der alte Schwalm – so hieß er trotz seiner ein- oder zweiundzwanzig Jahre – hatte im eisigen Nordwind auf steiler Höhe doppelt gefroren wie die Leute unten auf dem Markt. Das erste Grün sproß auf der Aue. Die Weidenkätzchen knospeten. Bald würde auch die erste Schwalbe kommen. Der Tag der Ankunft der ersten Schwalbe galt dazumal als eigentlicher Frühlingsanfang und bedeutungsvoller, ja heiliger Tag. Damals achteten die Menschen noch auf Vögel, Wolken und Sterne und achteten sie. Die Natur war ihnen noch nicht ein Warenhaus, wo man den Anblick einer verkrüppelten Kiefer oder eines halbtoten Käfers in einem sogenannten Waldrestaurant für dreißig Pfennige bei einer Tasse Zichorienkaffee ersteht. – Der Türmer war verpflichtet, die Ankunft der ersten Schwalbe durch sein Horn zu verkünden. Schwalm hatte schon tagelang nach Süden gelugt, aber keine Schwalbe machte sich bemerkbar. Eines Nachts war er im Lehnstuhl am Turmfenster eingeduselt, als ihn eine sanfte Stimme weckte: »Guten Abend, Herr Schwalm.« Er fuhr aus dem Halbschlaf und sah ein junges, schönes, aber ganz in armseliges Grau, wie ein Bettlerkind gekleidetes Mädchen vor sich stehen. Er wollte grimmig dreinschauen, aber das Mädchen lächelte ihn so freundlich an, daß er sie nur erstaunt fragte: »Wo kommst du her, jetzt mitten in der Nacht?« Das Mädchen lächelte wieder und wies auf das geöffnete Fenster: »Durch das Fenster bin ich gekommen.« Schwalm verwunderte sich immer mehr: »Durch das Fenster bist du gekommen? Ja, kannst du denn fliegen?« Das Mädchen sprach leichthin, als verstände sich das ganz von selbst: »Natürlich kann ich fliegen.« – »Ja, wer bist du denn dann?« fragte Schwalm. Da lächelte das Mädchen wieder: »Ich bin die erste Schwalbe!« Da wollte Schwalm das Horn erheben und den Leuten in der Stadt die endliche Ankunft des Frühlings verkünden. Das Mädchen aber entwand ihm das Horn und sprach: »Laß – das erfahren die Menschen morgen früh noch zeitig genug.« Und sie setzte sich auf seinen Schoß und streichelte seine Wangen. Da verschwanden all die Runzeln daraus und sie wurden die Wangen eines Jünglings von zwanzig Jahren. Und sie streichelte seine Haare, da wandelte sich ihr silbernes Weiß in goldenes Blond. Und sie strich über seinen Rücken. Da straffte er sich. Sie lächelte, und da lächelte auch er zum erstenmal in seinem Leben. Sie küßte ihn und er küßte sie.

Am nächsten Morgen verkündete er mit seinem Horn beim ersten Sonnenstrahl den Crossnern die Ankunft der ersten Schwalbe. Mittags aber stieg er trällernd vom Turm und ging zum Pfarrer von Sankt Marien. Der wunderte sich nicht wenig, statt des alten grämlichen Schwalm einen jungen heiteren Schwalm vor sich zu sehen. »Hochwürden« sprach der junge Schwalm, »ich komme, ein Aufgebot zu bestellen.« »Und wer gedenkt in den heiligen Stand der Ehe zu treten?«

Der Pfarrer nahm seine Stahlbrille ab. »Der ehrenwerte Junggeselle Schwalm mit der tugendsamen Jungfrau Schwalbe aus Altrehfeld.« – »Das ist mal eine Überraschung«, sagte der würdige Pfarrherr. »Ja, ja, der Frühling –« und tunkte den Gänsekiel ins Tintenfaß und schrieb mit zierlichen Buchstaben das Aufgebot.

Hilmar Büchner

DER WIND WIRFT WOLKEN IN DIE HELLE

Der Wind wirft Wolken in die Helle,
Durchwirbelt Hain und Hecken.
Im Pflanzgebiete der Parzelle
Verquicken sich die Quecken.

Der Kuckuck ruft. Der Maulwurf stößt.
Der Star vertreibt die Spatzen.
Die Blüten haben sich entblößt
Und sind dabei zu platzen.

Im weiten Luftrevier entspinnt sich
Ein taumelndes Vergnügen,
Und in dem Erdreiche besinnt sich
Der Engerling auf's Fliegen.

Der Schneck sitzt knappermüde, satt
Verschleimt in dem Gehäuse.
Es melken unterm zarten Blatt
Die Ameisen die Läuse.

Die Mücken tanzen Ringelreihn
In windgetriebnen Säulen.
Es hinterläßt ein Stelldichein
Der Heckenrose Beulen.

Der Mensch kann dem nicht widerstehn,
Es reißt ihn einfach mit.
Die Absicht gibt ihm aus Versehn
Die Daseinsform zu dritt.

Der große Pan sitzt im Gelände,
Gebräunt wie ein Mulatte.
Ein Fotograf dreht an der Blende
Und fängt ihn auf der Platte.

Die Saison ist eröffnet

Leise nur das Lüftchen sprach,
Und es zog gelinder
Durch das stille Schlafgemach
All der Frühlingskinder.

Nikolaus Lenau

Emil Kuh

DER LENZ GEHT UM

Ich sag euch was: Der Lenz geht um,
Nehmt euch in acht, ihr Leute,
Er ist so heimlich, still und stumm,
Als ging er aus auf Beute.

Seid nur behutsam, wo ihr steht,
Und blickt umher ein Weilchen,
Denn plötzlich, eh ihr euch's verseht,
Schießt auf ein keckes Veilchen!

Oh, traut jetzt keinem alten Baum,
Weit eher noch den jungen,
Denn eine Knospe, wenn ihr's kaum
Noch ahnt, ist aufgesprungen!

Wer träumend wandelt durch ein Tal,
Der möge sich besinnen:
Die Lerche kann mit einemmal
Ihr schmetternd Lied beginnen!

Auch müßt ihr mit Behutsamkeit
Ins Aug der Mädchen schauen;
Gefährlich sind in dieser Zeit
Die schwarzen wie die blauen!

Ich sag euch was: Die Lieb geht um,
Nehmt euch in acht, ihr Leute,
Sie ist so heimlich, still und stumm,
Und sie geht aus auf Beute!

Jan Weiler

JORK. BLÜTENTRÄUME IN EIGELB

27. April 2006

Es ist gar nicht so einfach, nach Jork zu kommen. Zunächst gilt es, in Erfahrung zu bringen, wo dieses Jork überhaupt liegt.

Ich scheitere an meiner Landkarte, denn Jork wird darauf überdeckt, und zwar von dem fettgedruckten Wort »Hamburg«. Das ist übrigens auch im echten Leben Jorks Problem. Jedenfalls befindet sich Jork im Südwesten von Hamburg, in der Gegend von Stade und Buxtehude. Im Alten Land. Das kennt man ja irgendwie, denn da wachsen Kirschen und Äpfel. Um diese Jahreszeit blühen normalerweise die Bäume, es muss ein phantastischer Anblick sein, denn nirgends in Europa – außer in Südtirol – gibt es mehr Obstbäume als im Alten Land. Am Wochenende fahren deshalb die Hamburger hierher, gehen spazieren, trinken Tee mit krümeligem Kandis, kaufen kistenweise Äpfel und fahren wieder in die Stadt.

Für all jene, die nicht mit dem Auto unterwegs sind, gestaltet sich die Reise nach Jork beschwerlich. Ich nehme ein Schiff an den Hamburger Landungsbrücken, Linie 62, kostet bloß zwei Euro fünfzig. Das fährt gemütlich bis nach Finkenwerder, vorbei an den früher besetzten Häusern der Hafenstraße, vorbei an der »Strandperle« in Övelgönne, wo die früheren Hausbesetzer, die heute Webdesigner und Journalisten sind, schreckliches Astra-Pils trinken, vorbei an weißen Villen und vor allem am Hafen.

Auf der anderen Seite der Elbe in Finkenwerder angekommen, suche ich nach einem Taxistand. Da ist aber keiner, bloß eine Bushaltestelle, an der ein Mann mittleren Alters wartet. Er trägt eine Mütze wie Helmut Schmidt, was hier nichts Besonderes ist.

»Entschuldigung, gibt es hier einen Taxistand?«

»Nichdassichwüsste.«

»Auch nicht da drüben?«

»Nee.«

»Wissen Sie denn, ob von hier ein Bus nach Jork fährt?«

»Nach wou?«

»Nach Jork.«

»Nichdassichwüsste.«

»Wo liegt denn Jork?«

Er macht eine ausladende Handbewegung, mit der er über die umliegenden Dächer hinwegzeigt.

»Do hinden. Das is aber noch 'n büschen weit.«

»Und da fährt kein Bus hin?«

»Nach Cranz fährt 'n Bus.«

»Ist das in der Nähe von Jork?«

»Näher geht's nich.«

Mutig besteige ich den Bus der Linie 150, von dem ich denke, dass er in Richtung Jork fährt. Der Bus quält sich und seine Fahrgäste zunächst durch Finkenwerder. Die Durchgangsstraße ist eng und voll. Ein Wahnsinnsverkehr. Das finden die Anwohner auch. An fast jedem der kleinen Häuschen am Straßenrand haben sie gelbe Warnschilder angebracht. »Verkehrslärm« steht auf einem, »Erschütterungen« auf einem anderen, »Bauschäden« auf einem dritten. Die Menschen in Finkenwerder zittern bei jedem LKW in ihren Behausungen, von denen allmählich die Klinker abfallen. Der Hamburger Senat kümmert sich angeblich nicht darum. Seit vielen Jahren wartet man schon auf eine Umgehungsstraße.

Viel von dem Verkehr landet beim Airbus-Werk, das sich hier draußen breiter und breiter macht. Mit dem Bus fährt man daran vorbei. Kilometer um Kilometer nichts als Airbus. Sie haben schon einen Seitenarm der Elbe zugeschüttet, um noch mehr Platz zu bekommen, und nun ist auch das Alte

Land bedroht. Der fruchtbare Marschboden der Gegend hat die Menschen reich und glücklich gemacht. Sie hatten es gut, außer wenn die Elbe zu Besuch kam wie 1962, als in Neuenfelde der Damm brach. Und jetzt also dieses Airbus-Werk.

Rund tausend Obstbauern gibt es hier, neunhundert Jahre lang wurde hier angebaut und geerntet, früher mehr Kirschen, heute mehr Äpfel, weil die nicht so empfindlich sind. Doch wenn es nach den Hamburgern und den Airbus-Managern geht, sollen die Bauern nun ihr Land verkaufen, damit die Startbahn um knapp sechshundert Meter verlängert werden kann. Dafür braucht man Land, altes Land. Rund fünfzehn Prozent der Anbaufläche ginge alleine im zum Hamburger Stadtgebiet gehörenden Teil des Alten Landes verloren.

Die Altländer wehren sich gegen die übermächtigen Hamburger. Immerhin hatten sie hier stets was zu sagen. Viele Schiffsreedereien gab es hier früher und deshalb reiche Leute mit Einfluss. Und diese Orgel. Sie steht in Neuenfelde in Sankt Pankratius und wurde 1688 vom großen Orgelbauer Arp Schnitger gebaut. Doch auch sie wird kaum verhindern können, dass hier bald nur noch die Flugzeuge orgeln. Der Konflikt wird dadurch verschärft, dass Airbus Tausende von Arbeitsplätzen geschaffen hat. Wer die gefährden will, muss nur den Weiterbau des Geländes verhindern. Behaupten die Politiker und die Airbus-Leute.

Auf Ole von Beust, den Hamburger Bürgermeister, sind sie hier auch aus anderen Gründen schlecht zu sprechen: Er will die Elbe ausbaggern lassen, dann gelangen noch größere Schiffe mit noch mehr Tiefgang in den Hafen. Gleichzeitig steigt auf diese Weise die Fließgeschwindigkeit der Elbe, und das gefällt den Menschen hier nicht. Sie sorgen sich um die Dämme, die das Wasser von ihren Bäumen abhalten.

Der Bus fährt und fährt und fährt an Airbus entlang und landet schließlich in Cranz, das aus wenigen Häusern und viel Rasen besteht. Leider ist hier die Welt zu Ende, jedenfalls was den öffentlichen Personennahverkehr angeht. Der Busfahrer schaltet den Motor ab und wickelt ein Butterbrot aus. Ich frage ihn nach der Telefonnummer einer Taxizentrale, und er sagt: »Sechsmal die Sechs.«

In der Taxizentrale reagiert man mit spröder Ablehnung auf mein Ansinnen, ein Taxi nach Cranz zu schicken. Da fahre man nicht hin, heißt es verächtlich. Wer denn dann hinfahre, frage ich, und die Dame gibt mir eine neue Nummer. Das sei in Harburg, und die würden alles machen in Harburg. Darüber kann die Frau in Harburg nur lachen. Da fahren sie nicht hin, sagt die Frau. Sie nennt mir die Nummer einer weiteren Taxizentrale, die zwar nicht weiß, wo Cranz liegt, aber die Taxizentrale in Harburg empfiehlt. Die Harburger, »ich weiß«, sage ich erschöpft, »die fahren überallhin. Vielen Dank.« Während ich mit meinem Gepäck im Wind stehe, kommen mehrere Frauen in Gummistiefeln auf Fahrrädern vorbei. Ich rufe die Auskunft an und frage, ob es ein Taxi in Jork gebe. Hurra, es gibt eines, und eine knappe halbe Stunde später stehe ich in der Rezeption des Hotels »Altes Land« in Jork. Es ist ein gutes Landhotel, zwischen dem Schützenverein und der freiwilligen Feuerwehr gelegen.

Natürlich alles verklinkert hier, vieles jedoch sehr hübsch, das muss man sagen. Fachwerk-Gepränge, ein hölzerner Kirchturm, es riecht nach frischgemähtem Gras. Wirklich aufregend ist es nicht. Aber hier wohnt auch niemand der Aufregung wegen, sondern wegen des Klimas, der Ruhe, der Äpfel und der blühenden Bäume. Ein Anblick muss das sein. Leider ist es noch nicht so weit. Leiderleider. Weil der Winter so lang gedauert hat. Zuerst werden die Kirschen kommen, dann die Äpfel. In zwei Tagen geht es angeblich richtig los. Dann kracht es in den Zweigen, dass es nur so eine Pracht ist.

Ich kaufe eine Kugel Bananen-Eis und gehe zum Rathaus, wo dann gleich die Lesung stattfinden wird. Es ist ein sehr schönes Rathaus, frisch gestrichen. Demnächst kommt nämlich der Ole von Beust und spricht mit dem örtlichen CDU-Bürgermeister wegen dieser Elbetieferlegung. Und da hat man halt mal geweißelt. Heute wurde den halben Tag lang gelüftet, es riecht überhaupt nicht nach Farbe.

Morgens Frühstück inmitten von Blüten-Touristen. Das Haus ist voll von denen. Schweigsame Ehepaare, die sich im Restaurant des Hotels gegenübersitzen und in stiller Eintracht essen und schweigen. Die Leute am Nebentisch sehen sich nicht einmal an. Und doch wissen sie, dass der andere da ist. Der Mann kleckert mit seinem Frühstücksei, ein dicker gelber Tropfen plumpst wie Magma auf seinen Pullover. Da nimmt seine Frau, als hätte sie den Vorgang mit einem dritten Auge beobachtet, ihre Serviette zur Hand, leckt sie an und zwickt das Eigelb vom beigen Fell ihres Gatten. Dieser wehrt sich nicht dagegen, im Gegenteil: Er breitet seine Arme aus, damit sie besser an ihn herankommt. Möchte man sich solche Menschen beim Sex vorstellen?

»Schade, dass ich gar nichts von der Blüte gesehen habe«, sage ich zum Taxifahrer, der mich nach Buxtehude zum Bahnhof bringt. »Ja, wirklich schade«, antwortet er. Wir verlassen die Anbaugebiete des Alten Landes. Hinter uns macht es »knack«, und plötzlich reißen die Knospen auf, und Trillionen kleiner Blütenblätter winken mir, als wollten sie »bye-bye« sagen.

Fred Endrikat

Es naht der Lenz

Es naht der Lenz! Man merkt es an den Hunden!
Die Waschfrau sagt, sie hätt es längst geahnt.
Schneeglöcklein blühen rings an den Rotunden.
Es riecht die Welt nach Veilchen und nach Stiefeln, welche
    frisch getrant.
Zum Tor hinaus lackierte Kinderwagen
jetzt rollen, überfüllt mit junger Fracht.
Nun sieht man erst die Keime, welche ausgeschlagen
wohl hinter grauen Mauern, in manch langer Winternacht.
Laut jauchzt mein Herz, das welk und schnapszerschunden:
»Es naht der Lenz! Man merkt es an den Hunden!«

Ins Grüne ziehen ganze Menschenschwärme.
Der Intellektuelle zieht ins Kabarett.
Es zieht der Sonnenschein in die Gedärme.
Gar manche Gartenbank wird jetzt zum Himmelbett.
Ich zieh den Mantel aus beim Frühlingsrauschen.
Das Ziehen und das Blühen will nicht ruhn.
Der Mädchen Blusen sich beglückend bauschen.
Es keimt und sprießt jetzt unter Seide und Kattun.
Die Katzen feiern Orgien in den Dämmerstunden.
Es naht der Lenz! Man merkt es an den Hunden!

Der Wandervogel in die Ferne pilgert
und pumpt voll Sauerstoff sich schlucksessiv.
Die Eier haben sich ganz kolossal verbillgert.
Trotzdem sagt Einstein: »Wennschon! Alles relativ!«
Die Jauche rieselt durch die Ackerfurche.

Am Wege blüht beinah das Löwenmaul.
Zum Himmel jubiliert empor die Lurche.
Ein Stachelschwein gibt andre Töne von sich als die
     Nachtigaul.
Ich sing mein Lied, so wie ich es empfunden.
Es naht der Lenz! Man merkt es an den Hunden!

Max Herrmann-Neiße

Ausflug in den Grunewald

Wer von Friedenau oder Steglitz her sich dem Grunewald nähert, dem tragen die Winde Gefühl und Düfte des Frühlings auf den breiten Alleen schon kräftig entgegen. Dahlem und Zehlendorf, mit stillen Parkstraßen und Promenaden hügelauf, hügelab oder um kleine Teiche, gleichen traulichen Kurorten, die Vögel lärmen wie auf dem Lande, in den Villengärten blüht es, springt ein Hund herum, sind Kinder bei einer Schaukel laut. Aber auch wer vom Kurfürstendamm kommt, den holen die Frühlingslüfte von Halensee her freundlich ein. Der Lunapark rüstet sich zur neuen Rummelsaison – riecht es nicht nach frischen Farben, knacken nicht schon die Stellagen der Berg- und Talbahn, des eisernen Sees in ihren Scharnieren? Die Wagen und Motorräder, die die Königsallee hinauf gen Potsdam sausen, nehmen kein Ende, unnahbar mit gepflegtem Rasen und bunten Beeten liegen bei den abweisenden Landhäusern die kleidsamen Vorgärten, hie und da macht sich ein Diener zu schaffen, klingt aus einem offenen Fenster Tellerklappern und das schmachtende Lied einer Küchenfee. Am Restaurant Hundekehle wird in den »Forst Grunewald« eingebogen und tapfer mit den Füßen Sand beiseite geschaufelt, dabei ist einem etwas unsicher frühlingshaft zumute, als könnten an den düsteren Bäumen die Schlingen Lebensmüder baumeln. Man denkt an das Eichhörnchen, das vor nicht allzu langer Zeit frierend, pfotenschlenkernd durch den Schnee hüpfte; nun jagen zwei sich drüben am Stamm hinauf und herunter. Zum Baden im See ist es wohl doch noch zu kalt, ein paar abgehärtete Sportler treiben sich immerhin im Trikot herum, auf den freigelegten

Baumwurzeln hocken Beschauliche und lassen sich von der Sonne wärmen, soweit der kleine Vorrat reicht. Hoch oben am Himmel knattert ein Flieger, und von der Avus drüben tost ununterbrochen das Geratter der Autohatz. An der Mündung der drei Hauptwege bieten Kinder Blumensträuße an, Gott weiß, woher sie die haben, denn hier blüht weit und breit nichts als weggeworfenes Stullenpapier, der Mann mit den sauren Drops, Nußstangen, Schokoladen hat seinen fliegenden Laden auch eröffnet. Im Hofe des Jagdschlosses sitzen ein paar Schupos vor der Polizeiwache auf einer Bank, im Stall schnauben die Pferde, und auf der anderen Seite ist hinter dem Drahtzaun das Hühnervolk auf seine etwas stumpfsinnige und beschränkte Weise rege oder auch nicht. Kurz vor dem Restaurant Paulsborn hat der Fotograf seine Probebilder zur Schau gestellt, ein Reiter und eine Reiterin lassen sich hoch zu Roß bewundern, und wenn grad Sonntag ist, breiten sich überall wieder die fatalen Familienkarawanen aus, mit ihrer hemdsärmligen, ungenierten, billigen Ausflugsfröhlichkeit von Kind und Kegel, Krethi und Plethi. Wer da durch die Büsche wandert oder auf einem Baumstumpf rastet, von dem weiß man nicht, ob er in zufriedener Muße seine wohlverdiente Freizeit genießt oder als dauernd Arbeitsloser unfreiwillig nur Zeit und sonst nichts hat. Der übliche Leierkastenmann an der Wegkreuzung und der andre mit dem Harmonium haben zahllose Bettlergefährten an allen halbwegs belaufenen Pfaden erhalten, und rührend versucht, auch wer keine Stimme und nicht das mindeste musikalische Talent hat, durch sein Gekrächz mehr sich als dem Publikum vorzutäuschen, daß er für die milde Gabe den Leuten doch eine Gegenleistung biete. In den Kaffee- und Biergärten tratschen die Gäste wieder im Freien, auf den Vereinsplätzen wird Tennis oder Fußball gespielt, irgendwo wirbt auch ein Häuflein Heilsarmee mit munterem Andachtsmarsche – aber was ist an alldem ausgesprochenes Frühlingstreiben, worin unterscheidet sich's vom Sommer? Schneeglöckchen würde man vergebens suchen und ebenso etwas später Primeln – wo ist das Werdende, der zarte Übergang, das Überschwengliche eines Anbruchs? Den Lenz vertreten hier die Frühlingskostüme um die schlanken oder drallen Gestalten von Frauen, die Beifall heischend für sich, eine Firma, einen Herrn und Gebieter Reklame gehn, und Schlager, die ein Grammophon in die Gegend kräht, eine Tanzmusik verteilt, von geschäftstüchtigen Mädchen automatisch mitgeträllert: »Was eine Frau im Frühling träumt, das ist so süß und ungereimt …« Und nur die Liebespärchen, die da eng umschlungen, für Gott und die Welt nicht vorhanden, sich allmählich durch den Grunewald knutschen oder auf dem noch kalten, kahlen Erdboden hochzeitlich lagern, dürften der Frühling des Grunewalds sein, für sie ist die Luft zwischen den öden Kiefern voller Zärtlichkeiten, hat die sandige Ärmlichkeit dieses Forstes ihr Waldverwegenes, erblüht bei Selbstmordseen und Staubhöllen ein Wonnemond. Wer schließlich von den Sandhügeln zur Havel hinuntersteigt, wie über Dünen ans Meer, den trifft von den Wassern ein würzigerer, etwas wilderer Wind, als öffneten sich ihm die Pforten des Sommers, der da vom Wannsee her mit Segeljachten, Dampfern, Paddelbooten und dem schwerfälligen Spielzeug der Wasserräder bereits seinen zünftigen Korso probt.

Moritz Gottlieb Saphir

FRÜHLINGSVERBESSERER

Man hat in neuerer Zeit die Beobachtung gemacht, daß jetzt die Frühlinge viel kälter und die Frauen viel heißer sind, als früher.

Das Eine soll daher kommen, daß sich große Eismassen vom Nordpol losgerissen haben sollen; für das Zweite aber haben wir noch keine Muthmaßung, da wir nicht ahnen können, wo sich bei unserer frostigen Welt Feuerbrände losgerissen haben sollen.

Weil aber der Frühling jetzt kalt ist, so bringen ihn unsere Frauen mit in die heiße Luft der Bälle und Gesellschaften. Zuweilen hat eine solche Dame alle vier Jahreszeiten beisammen, den Frühling auf dem Kopfe, den Sommer in den Augen, den Herbst auf den Wangen und den Winter im Taufschein. Sie haben so viel Blumen in den Haaren, daß man fast die Blume »Frauenhaar« gar nicht sieht, und man muß gestehen, daß sie den Frühling bei den Haaren herziehen. Aber die Frauen sind sehr unzufrieden mit der Natur, sie hat ihnen noch viel zu wenig Blumen hervorgebracht, sie müssen noch »Phantasie-Blumen« haben. Es ist ein wahres Glück für die liebe Schöpfung, daß unsere Marchandes de modes die Natur in einer verbesserten Auflage herausgeben.

Der Frühling hat nicht Blumen genug, sie machen Phantasieblumen, und wer die jetzigen Marchandes de modes kennt, wird nicht zweifeln, daß ihre Phantasie die der Natur bei weitem überflügelt. Unsere Damen stecken diese zweite verbesserte Natur triumphierend auf, und manche hat so viel Phantasie auf dem Kopfe, daß sie selbst nur wie eine Titelvignette zu einem Phantasiestück erscheint.

Noch schlimmere Natur- und Frühlingsverbesserer, als unsere Marchandes de modes, sind die Frühlingsdichter, die wie die Schwalben im ganzen Winter im Sumpfe liegen und mit dem Frühlinge heranrücken. Man lese nur bei jedem neuen Frühlinge unsere Zeitschriften, und man wird gestehen, daß der gute Frühling viel zu thun hat, so viel frische, schöne Blätter hervorzubringen, als Blätter durch ihn auf eine traurige Weise ausgedörrt werden. Den ganzen Winter über liegt ein solcher Frühlings-Phantasie-Blumen-Poet auf der Lauer und stellt sich die Gerüste zusammen, durch welche er sodann seine Frühlingsbauten vollenden will.

Einige solche Gerüste liegen mir ordentlich vor den Augen, so zum Beispiel:

Gerüste zu einer Frühlings-Huldigung

. . . . Traum
. . . . halbe,
. . . . Saum,
. . . . Schwalbe,
. . . . lind,
. . . . gewoben,
. . . . sind,
. . . . geschnoben.
. . . . Eis,
. . . . glühen,
. . . . weiß,
. . . . blühen.
. . . . O!
. . . . Wonne,
. . . . so,
. . . . Sonne!

Gerüste zu einem Sonette:
»Mai-Morgen-Minne-Manna.«

. . . . . . freuen,
. . . . . . geflossen,
. . . . . . umgossen,
. . . . . . Maien,
. . . . . . neuen,
. . . . . . genossen,
. . . . . . entschlossen,
. . . . . . zweien.
. . . . . . geboren,
. . . . . . Weiland,
. . . . . . horen.
. . . . . . Eiland,
. . . . . . geschworen,
. . . . . . Mailand.

Ist nun der Frühling da, werden die Gerüste schnell auf-
geschlagen, Jamben, Trochäen und Daktylen werden durch
rhythmisches Seegras zusammengekittet, das Gerüste darum
herumgeschlagen und die neugebornen, frischen Frühlings-
pastetchen sind fertig, so mürbe, daß sie Einem im Munde
zergehen. Ich glaube auch fest, daß der Frühling diese Ge-
dichte als Molkencur gebraucht, und daß sie bei ihm die
Schafgarben und die Sauerampfer heraustreiben.

Georg Kreisler

TAUBENVERGIFTEN

Schatz, das Wetter ist wunderschön!
Da leid ich's nicht länger zu Haus.
Heute muß man ins Grüne gehen,
in den bunten Frühling hinaus.
Jeder Bursch und sein Mäderl,
mit einem Freßpaketerl,
sitzen heute im grünen Klee.
Schatz, ich hab eine Idee:

Schau, die Sonne ist warm, und die Lüfte sind lau,
gehen wir Taubenvergiften im Park!
Die Bäume sind grün, und der Himmel ist blau,
gehen wir Taubenvergiften im Park!
Wir sitzen zusamm' in der Laube,
und ein jeder vergiftet a Taube.
Der Frühling, der dringt bis ins innerste Mark
beim Taubenvergiften im Park.

Schatz, geh, bring das Arsen g'schwind her,
das tut sich am besten bewähren.
Streu's auf ein Graubrot kreuz über quer,
und nimm's Scherzel, das fressens' so gern.
Erst verjagen wir die Spatzen,
denn die tun einem alles verpatzen.
So ein Spatz ist zu g'schwind, der frißt's Gift auf im Nu,
und das arme Tauberl schaut zu.

Ja, der Frühling, der Frühling, der Frühling ist hier,
gehen wir Taubenvergiften im Park!
Kann's geben im Leben ein größeres Pläsir
als das Taubenvergiften im Park?
Der Hansl geht gern mit der Mali,
denn die Mali, die zahlt's Zyankali.
Die Herzen sind schwach, und die Liebe ist stark
beim Taubenvergiften im Park.
Nimm für uns was zu naschen –
in der anderen Taschen!
Gehen wir Taubenvergiften im Park!

Herbert Rosendorfer

Das Frühlingsgedicht

Bekanntlich geht die Entdeckung Amerikas letztlich auf die Sache mit dem Ei zurück. Columbus neigte, wie fast alle Genueser, zur Albernheit. Aber auch andere welthistorische Ereignisse, bei denen die Urheber oder Vollstrecker durchaus keine albernen Menschen waren, sind oft auf winzige und nichtige Anlässe zurückzuführen. Wenn jener königlich preußische Bahnbeamte – als sein Name ist Armin Kniephövel überliefert, ob es stimmt, weiß man nicht – den blinden Güterzugpassagier Wladimir Iljitsch Uljanow in Lehnin in der Mark Brandenburg, wo er eigentlich hätte aussteigen wollen, aus dem Zug gelassen hätte, sähe die Welt heute anders aus. So fuhr der Zug weiter nach Rußland, und in Uljanow – der sich von da ab Lenin nannte – reifte der Plan zur Weltrevolution, aus Trotz – man kann es verstehen. Auch das aufsehenerregende Experiment, das Professor Ygdrasilović an der University of Gross Misdemeanour, Ohio, durchführte, erfuhr seinen Anstoß durch nichts als eine Zeitungsumfrage. Alljährlich zum Frühlingsanfang tritt ein großes amerikanisches Boulevardblatt an einige prominente Persönlichkeiten heran mit der Bitte, ein Frühlingsgedicht zu schreiben. Im Jahr 1965 wählte die Zeitung unter anderem Professor Ygdrasilović aus, der damals den Lehrstuhl für Technical Poetry an der genannten Universität innehatte.

Professor Ygdrasilović erinnerte sich bei diesem Ansinnen lächelnd daran, daß er in seiner Jugend einmal fast den Weg gefunden hätte, ein Dichter zu werden, und er schrieb ein vierzeiliges Frühlingsgedicht. Dann zeigte er es einem Assistenten. Der Assistent sagte, es erinnere ihn an ein Frühlings-

gedicht von Juan de la Cruz (1542–1591). Ygdrasilović zerriß
sein Gedicht und schrieb ein neues. Das neue Gedicht fand
ein anderer Assistent einem Frühlingsgedicht Lermontows
(1814–1841) ähnlich. Als ein Hilfsassistent in einem dritten
Gedicht Ygdrasilović' eine verblüffende Parallele zu einem
Jugendwerk von Johann Peter Uz (1720–1796) feststellte, gab
Ygdrasilović auf, aber in den Worten, die er dabei sprach – »Ja,
kann man denn in drei Teufels Namen kein neues Frühlingsgedicht mehr schreiben?« –, war sozusagen in nuce der Plan
zu dem großartigen Experiment enthalten.

In jahrelanger Arbeit sammelten Ygdrasilović' Assistenten
sämtliche Frühlingsgedichte, die jemals geschrieben wurden:
vom anonymsten japanischen Haiku bis zum hinterletzten
schlesischen Barockdichter, von Anakreon bis E.E. Cum-
mings; alles, was nach Frühlingsgedicht aussah. Mit diesen
Gedichten – es waren knapp achtzig Millionen – wurde der
große Computer des Instituts gefüttert. Dann erhielt der
Computer den Auftrag, ein neues Frühlingsgedicht zu pro-
duzieren. Das Ergebnis lautete:

der schneemann lacht
derweil das schneehuhn
im lenzschnee
männchen macht.

»Je, nun«, sagte Professor Ygdrasilović, als er dies las, »daß ich
mir nicht vorstellen kann, wie ein Schneehuhn Männchen
macht, ändert nichts am Wert des Experiments.«

Joseph Roth

Rehabilitierung
des deutschen Frühlings

Am Potsdamer Platz sah ich in den ersten Märztagen ein paar Frauen, Blumenverkäuferinnen mit Schneeglöckchen. Die Frauen hatten dicke Leiber und Unterröcke angezogen, denn es war kühl, und starke Frauen können viel weniger frische Luft vertragen denn zarte Schneeglöckchen. Das ist eigentlich sehr merkwürdig.

Ich war sehr erfreut, als ich die Schneeglöckchen sah, und hätte mir sicherlich zwei oder drei Sträuße gekauft. Aber die Blumenverkäuferin rief: »Erste Frühlingsboten um eine Mark!« Sie sagte diesen Satz so nüchtern, als böte sie Schmirgelpapier an. Sie wußte offenbar nicht, was Schneeglöckchen sind. Sie verkaufte »Frühlingsboten«. Sie verkaufte eine sentimentale Phrase. Und diese Geschäftstüchtigkeit einer Kleinhändlerin in Lyrik machte, daß ich nicht Schneeglöckchen sah, sondern Schmirgelpapier.

Ich liebe die ersten Frühlingsboten, die Schneeglöckchen. (Sie sind wie ein liegengebliebener Windhauch, der Körper geworden ist, ärmer denn Primeln – denn ihre Farbe ist nur eine arme Ahnung von Weiß, das Kindheitsalter der weißen Farbe überhaupt.) Ich glaube sogar bestimmt, daß sie wirklich die allerersten Frühlingsboten sind. Aber sie sind nicht die »garantiert« ersten und können also nicht um eine Mark angeboten werden. Frühlingsboten dürfen eben nicht so mir nichts, dir nichts in den Straßenhandel gelangen.

Ich mußte über die Blumenverkäuferin nachdenken und fand, daß sie diese »Frühlingsboten« ganz bestimmt von irgendeinem deutschen Dichter herhatte. Und ich beklage das Los der deutschen Dichter tief inniglich: Ihrer Werke bemächtigen sich Handel und Industrie, und ihr Gesang wird zur patentierten Schuhmarke. Und ebenso wie den deutschen Dichtern ergeht es auch dem Frühling.

Ich glaube: das sentimentale »Kunstgewerbe« ist eine deutsche Angelegenheit. Das Volk der Dichter konnte die »Kunst« nicht lassen, nachdem es zum Volk des »Gewerbefleißes« geworden war. Der Deutsche empfand die bittere Notwendigkeit, auch noch um den nüchternsten Kochapparat einen lieblichen Vers zu schmieden. Daher kannst du auf Porzellangeschirren das arithmetische Treuegelöbnis lesen: »Ich bleib' dir 3, 4 und 4«; auf Biergläserunterlagen aus Pappkarton: »Ein guter Trunk macht Alte jung«; auf Handtüchern, die – sollte man glauben – zum Trocknen auf dem Regal über einer Waschschüssel hängen, flattert leichtsinnig ein Wiedehopf innerhalb eines Vergißmeinnichtkranzes, in den die Hausfrau zwei der bravsten Jahre ihres Lebens hineingewoben, und piepst »Guten Morgen!« ohne Rücksicht auf Tageszeit und Stundenschlag.

Mit Grausen denke ich an große Warenhäuser: Da führt eine Stiege, in Purpur gehüllt, marmorn und goldverziert, breit empor. Du steigst mit frommem Schauder hinan, übst dich innerlich in Hofknicks und Demut, denn gewißlich führt diese Stiege zu Gottes oder eines seiner Stellvertreter Thron. Aber siehe da: Bereits auf dem letzten Treppenabsatz fängt der Handel mit Schnürsenkeln an.

Diese Verquickung von Majestät und Schnürsenkeln, diese Pathetik im Liftboy, diese Lyrik im Biergläsergeschirr, dieser Handel mit Frühling und Sehnsucht haben den Glauben der Geschmacksnerven an die Echtheit menschlichen Naturgefühls so tief verletzt, daß er zu Skepsis und Ironie wurde.

Wenn eine Blumenverkäuferin Frühlingsboten um eine Mark feilbietet, so sehe ich – Gott helfe mir, ich kann nicht anders – Schmirgelpapier. Nichts als Schmirgelpapier.

Gewaltig überwuchert die Phrase Wirklichkeit und Gefühl. Für die religiösen Bedürfnisse der Seele ist überraschend gesorgt. Stimmungen werden franko ins Haus geliefert und gegen Nachzahlung.

»Sinnig« blühen Handel, Gewerbe und Industrie. Für jede Andachtsregung ist das Klischee bereit. Schneeglöckchen sind »Frühlingsboten«. Basta!

Und umgekehrt: Jede Patenthosenkapsel enthält Lyrik. Bist du Bierbrauer? – Hopfen und Malz, Gott erhalt's. Sind's die Augen, geh zum Optiker. Erzeugst du Krüge: Ein guter Trunk aus gutem Krug, trink und du hast nie genug.

Wahrscheinlich hat jede Fabrik neben ihrem Direktor, ihrem Arzt, ihrem Rechtsanwalt auch ihren Lyriker. Und der liebe Gott, auch so eine Art Fabrikant, hat gewiß mehrere. Gott produziert nämlich »Frühlingsboten«.

Aber ich möchte versuchen, den deutschen Frühling zu re habilitieren. Den »Frühling« von seinen Anführungszeichen zu befreien. Und nachzuweisen, daß die Schneeglöckchen *wirklich* die ersten Frühlingsboten sind.

Vor einigen Tagen sah ich nach langer Zeit eine Landstraße wieder. Sie stieg sachte hinan, als getraue sie sich nicht recht, und es sah aus, als würde sie nach vielen tausend Jahren erst so hoch werden, daß man, auf ihr fortschreitend, mit ausgestreckter Hand den Hemdzipfel einer Wolke würde erwischen können. Die Meilensteine standen weiß und nackt und ein bißchen furchtsam hart über den Straßengraben und hatten Nummern wie Sträflinge.

Manchmal auch wartete ein kleines Haus am Straßenrand, als hätte es sich weit fort von seiner Stadtfamilie verirrt. Und rechts dämmerte ein Wald herüber, und wenn ich nicht irre, pfiff sogar eine Amsel.

Alle Sträucher und die Weidenruten und da und dort ein Kastanienbaum hinter einem Gartenzaun hatten zweifellos grüne Knospen. Im Wald ruhte gedämpftes Sonnenlicht auf den Stämmen, aber es sah aus, als wären die Bäume von innen erleuchtet und als trüge jeder Baumstamm in seinem Innern eine eigene kleine Sonne.

Die Erde atmete eine linde Wärme aus, und ich fand auf ihr ein paar, wahrscheinlich die letzten Schneeglöckchen. Sie wuchsen umsonst, und ich glaube: Schneeglöckchen sind wirklich die ersten Frühlingsboten.

Und der Frühling ist nicht nur da, wenn in den Schaufenstern der Modehäuser Frühjahrsdamenhüte auf Holzstengeln erblühen und vor dem Literatencafé die Veranda sich auftut: Sondern es gibt noch einen anständigen Frühling, eines Eichendorff und eines Uhland würdig.

Und die Lyrik gehört nicht in die Zigarettenfabrik.

Joachim Ringelnatz

Ostern

Wenn die Schokolade keimt,
Wenn nach langem Druck bei Dichterlingen
»Glockenklingen« sich auf »Lenzesschwingen«
Endlich reimt,
Und der Osterhase hinten auch schon preßt,
Dann kommt bald das Osterfest.

Und wenn wirklich dann mit Glockenklingen
Ostern naht auf Lenzesschwingen, – – –
Dann mit jenen Dichterlingen
Und mit deren jugendlichen Bräuten
Draußen schwelgen mit berauschten Händen – – –
Ach, das denk ich mir entsetzlich,
Außerdem – unter Umständen –
Ungesetzlich.

Aber morgens auf dem Frühstückstische
Fünf, sechs, sieben flaumweich gelbe, frische
Eier. Und dann ganz hineingekniet!
Ha! Da spürt man, wie die Frühlingswärme
Durch geheime Gänge und Gedärme
In die Zukunft zieht,
Und wie dankbar wir für solchen Segen
Sein müssen.

Ach, ich könnte alle Hennen küssen,
Die so langgezogene Kugeln legen.

Jean Anthèlme Brillat-Savarin

Die Entfettungskur

Jede Entfettungskur muß mit folgenden drei Dingen beginnen, die jedoch reine Theorie sind: Enthaltsamkeit beim Essen, Mäßigung im Schlaf und Bewegung zu Fuß oder zu Pferd.

Dies sind die wichtigsten der von der Wissenschaft genannten Heilmittel. Ich halte aber wenig davon, weil ich die Menschen und die Dinge kenne, und weil jede nicht haargenau befolgte Vorschrift kein positives Ergebnis zeitigen kann.

Erstens gehört viel Willenskraft dazu, hungrig vom Tisch aufzustehen. Solange dieses Bedürfnis anhält, zieht ein Bissen den anderen mit unwiderstehlicher Gewalt an, und im allgemeinen ißt man, bis der Hunger gestillt ist, trotz der Ärzte und sogar nach ihrem Beispiel.

Zweitens würde es den Dicken das Herz brechen, wenn sie früh aufstehen müßten. Sie würden darauf antworten, daß es ihre Gesundheit nicht zulasse, denn wenn sie früh aufstünden, seien sie den ganzen Tag für nichts mehr zu gebrauchen, und die Frauen würden sich beklagen, sie bekämen Ringe unter den Augen. Alle sind zwar damit einverstanden, spät ins Bett zu gehen, aber morgens möchten sie bis in die Puppen schlafen, und daher entfällt auch dieses Heilmittel.

Drittens: Reiten ist eine teure Arznei, die sich weder für jeden Geldbeutel noch für jeden Stand eignet.

Schlagen Sie einer hübschen Dicken vor zu reiten, dann wird sie mit Freuden zustimmen, aber nur unter drei Bedingungen: erstens muß sie ein zugleich schönes, feuriges und sanftes Pferd haben, zweitens ein neues Reitkostüm nach der letzten Mode und drittens einen netten, hübschen Reitlehrer zur Begleitung. Daß all das zusammentrifft, ist ziemlich selten, also reitet man nicht.

Gegen das Spazierengehen lassen sich eine ganze Menge anderer Einwände vorbringen: Man wird todmüde, schwitzt, bekommt Seitenstechen, der Staub macht einen schmutzig und die Steine durchbohren die zierlichen Schuhe, kurz, es hat keinen Zweck, weiter darauf zu dringen.

Wenn dann bei all diesen Versuchen eine ganz leichte Migräne auftritt oder ein Pickel von der Größe eines Stecknadelkopfs sich auf der Haut bildet, dann ist die Kur schuld daran, man gibt sie auf, und der Arzt wird wütend.

Da es nun einmal feststeht, daß jeder, der sein Gewicht zu verringern wünscht, mäßig essen, wenig schlafen und sich so viel wie möglich bewegen soll, muß man eben einen anderen Weg suchen, um dieses Ziel zu erreichen.

Nun, es gibt eine unfehlbare Methode, um zu verhindern, daß die Korpulenz ins Maßlose ausartet oder um sie wieder zu verringern, wenn sie schon an diesem Punkt angelangt ist.

Diese auf den sichersten Grundlagen der Physik und der Chemie beruhende Methode besteht in einer Diät, die auf den zu erreichenden Zweck abgestimmt ist. Die Diät für Entfettungskuren muß sich nach der allgemeinsten und entscheidendsten Ursache der Fettleibigkeit richten, und da es als erwiesen gelten kann, daß sowohl beim Menschen als auch bei den Tieren die Fettbildung nur auf Mehl und Stärke zurückgeht, läßt sich daraus die logische Schlußfolgerung ableiten, daß die mehr oder weniger starke Enthaltsamkeit von mehligen oder stärkehaltigen Substanzen zur Verringerung des Körperumfangs führt.

»O Gott«, werden Sie jetzt alle ausrufen, meine lieben Leser und Leserinnen. »Seht an, wie barbarisch der Professor ist! Da ächtet er mit einem einzigen Wort alles, was wir lieben, diese schönen weißen Brötchen von Limet, die Biskuits von Achard, die Kuchen von ... und all die schönen Dinge aus

Mehl und Butter, aus Mehl und Zucker, aus Mehl und Eiern! Er verschont weder die Kartoffeln noch die Makkaroni! Wer hätte das von einem Feinschmecker erwartet, der so liebenswürdig zu sein schien!«

»Was muß ich da hören?« antworte ich und setzte meine strenge Miene auf, die ich nur einmal im Jahr hervorhole. »So essen Sie doch und werden dick, häßlich, schwer, asthmatisch und sterben Sie an Überfettung. Ich bin auf meinem Posten, um alles aufzuschreiben, und in der zweiten Auflage werden Sie als Beispiel erscheinen. Aber, was seh' ich denn da? Ein einziger Satz hat Sie besiegt, Sie haben Angst und beten, um den Blitz abzuwenden … Fassen Sie wieder Mut, ich werde Ihre Diät aufzeichnen und Ihnen beweisen, daß Sie noch einige Genüsse erwarten auf dieser Welt, auf der man lebt, um zu essen.

Sie essen gern Brot, also gut, nehmen Sie Roggenbrot. Es ist weniger nahrhaft und vor allem weniger angenehm, weshalb man diese Vorschrift um so leichter befolgen kann. Denn um seiner sicher zu sein, muß man vor allem die Versuchung meiden. Beherzigen Sie das, es gehört zur Sittenlehre.

Sie essen gern Suppe, wählen Sie eine Julienne mit grünem Gemüse, Kohl und Wurzelwerk, aber ich verbiete Ihnen Brot- und Nudeleinlagen sowie sämige Suppen.

Im ersten Gang ist Ihnen alles erlaubt, bis auf wenige Ausnahmen, wie der Reis beim Geflügel und der Teig bei warmen Pasteten. Greifen Sie zu, aber vorsichtig, damit Sie später nicht noch ein Bedürfnis befriedigen, das gar nicht vorhanden ist. Der zweite Gang wird aufgetragen, und jetzt müssen Sie weise sein. Meiden Sie das Mehl, unter welcher Form es auch erscheinen mag, bleibt Ihnen denn nicht der Braten, der Salat, das Kraut? Und da Sie auch einige Süßigkeiten haben müssen, wählen Sie vorzugsweise Schokoladekrem, Punsch- und Orangengelees und ähnliches.

Nun kommen wir zur Nachspeise. Wieder eine Gefahr.

Aber wenn Sie sich bis hierher tapfer gehalten haben, dann wird Ihre Weisheit immer größer. Nehmen Sie sich vor den Tafelaufsätzen in acht (es sind meistens mehr oder weniger schön geschmückte Brioches) und meiden Sie auch die Biskuits und die Makronen. Es bleiben Ihnen ja alle Arten von Früchten, die Konfitüren und so viele andere Dinge, daß Sie bald auszuwählen verstehen, wenn Sie sich meine Grundsätze zu eigen machen.

Nach dem Essen verordne ich Ihnen Kaffee, erlaube Ihnen Likör und rate Ihnen, falls sich eine Gelegenheit bietet, Tee und Punsch.

Beim Frühstück ist Roggenbrot Pflicht und die Schokolade dem Kaffee vorzuziehen. Ich gestatte Ihnen jedoch starken Milchkaffee, Eier sind strengstens verboten, sonst steht Ihnen alles frei. Sie können gar nicht früh genug frühstücken, denn tun Sie es zu spät, dann kommt schon das Mittagessen, bevor die Verdauung beendet ist. Und diese Esserei ohne Appetit ist, da sie so häufig geschieht, eine sehr entscheidende Ursache der Fettleibigkeit.«

Wie ist die Erde schön

Du mußt das Leben nicht verstehen,
dann wird es werden wie ein Fest.
Und laß dir jeden Tag geschehen
so wie ein Kind im Weitergehen
von jedem Wehen
sich viele Blüten schenken läßt.

Sie aufzusammeln und zu sparen,
das kommt dem Kind nicht in den Sinn.
Es löst sie leise aus den Haaren,
drin sie so gern gefangen waren,
und hält den lieben jungen Jahren
nach neuen seine Hände hin.

Rainer Maria Rilke

Max Frisch

DAS TRAUMHAFTE RÄTSEL

In wenigen Tagen, wie eine Geburt aus der Nacht, war der Frühling gekommen, überraschend wie je … Stunden wechseln in Schauern von Regen und Bläue, Wolken ziehen über die schwarze Erde der Äcker, Gebirge von gleißendem Schaum, Flocken von Licht! Über dem Gurgeln der Quellen, noch in den Mänteln des Winters, gehen die Paare auf grünendem Teppich der Wiesen, mitten durch die blühenden Teiche des Feuchten, durch Lachen von Schlüsselblumen. Wenn sie sich bücken und stehen, die Sträuße büschelnd, tragen sie die Sonne in den glimmenden Rändern ihres Haares. Tage voll Wind! Leichte der Luft voll Weite der Ahnung, voll Schauer der ersten Erfahrung, voll Heiterkeit auch und summendem Übermut; sie stapfen durch knackende Zweige, durch Rascheln vergangenen Herbstes, Sonne fällt in die Räume eines laublosen Buchenwaldes, ein erster Zitronenfalter flattert vorbei: – ohne ein deutlicheres Geschehnis als dieses, ohne das Eigentliche einer sonderlichen Tat, welche bleibt, vergeht uns das Dasein in Ohnmacht irdischer Verwandlung, verlieren wir uns an das traumhafte Rätsel der Zeit, Frühling um Frühling.

René Schickele

EINE HECKENROSE
ZWISCHEN HEISSEN STEINEN

Diese Nacht ist farbiger Tau gefallen, der an der Sonne nicht vergeht: die Primeln blühn! Im Gebüsch am Waldrand blitzen bunte Anemonen, und an den sonnigen Plätzen breiten sich Hyazinthen und gelbe Narzissen aus. Die schönsten Narzissen, die Dichternarzissen, haben ihren Kelch noch nicht geöffnet, doch duften sie schon weit hinaus.

Die Kaiserkronen, gelb wie unreife Zitronen und rostbraun, riechen nach Tiger unter den parfümierten Veilchen.

Unter dem Blütenfall der Blutjohannisbeere schäumt die japanische Schneekirsche. Von dort fließen die Krokusse über den Rasen und bilden einen See, der morgens im Dampfe wogt … Sind sie nicht wie die letzten Kreuzzügler, diese Krokusse? Gelb, rot, blau, lila, purpur, weiß waren die Farben. So licht sind sie, daß man sie als Farbe entdeckt. Das ist die Farbe Rot, das die Farbe Gelb, das die Farbe Weiß, reiner als in den Pokalen der Drogisten, und dies das katholische und apostolinische Lila. Wenn man sie später am Tag sieht, fröstelt man leicht. Es ist ein wenig zu hell, ein wenig zu luftig auf dem Rasen! Die Tausendundeine Nacht, über der es plötzlich Tag geworden …

Hoch oben im Wald, zwischen heißen Felsen, habe ich eine Heckenrose gefunden, die schon blüht. Ein Wunder!

Man hat gut sagen, der Mensch sei so alt, wie er sich fühle. Es gibt einen Hauch auf der Haut, der noch der Lebensodem selbst ist, Knaben, Mädchen, in rosigen Morgenwind gekleidet, Tage mit einem Nachgeschmack wie von Erdbeere und Pfirsich. Man lebt sie nicht zum zweitenmal.

Als man sie aber lebte, wußte man nichts davon. Unser schönstes Alter gehört nicht uns, sondern den andern. Wir stehn alle unser Leben lang als Bettler davor.

Der Honigregen verfiel, und den glücklichen Abend fraß wolfshungrig die Nacht, in deren Gewölk der Mond voll umhertorkelte. Ich sah ihm zu, bis er hinter den Vogesen ins Bett ging …

Walt Whitman

SONNENUNTERGANG

6. Mai, 17 Uhr – Dies ist die Stunde wundersamer Effekte in Licht und Schatten – genug, um einen Koloristen rasend werden zu lassen. Lange Strahlen geschmolzenen Silbers fallen horizontal durch die Bäume. (Diese stehen nun in leuchtendstem, zartestem Grün.) Jedes Blatt und jeder Zweig des unendlichen Laubwerks ist ein erleuchtetes Wunder. Dann liegen die Strahlen ausgestreckt in dem jugendlich-reifen unendlichen Gras und verleihen den Halmen nicht nur gesammelte, sondern auch eigene Pracht, die zu einer anderen Stunde völlig unbekannt ist. Ich kenne besondere Stellen, wo ich diese Effekte in höchster Vollendung erlebe. Ein heller Fleck liegt auf dem Wasser, ist vielfältig gekräuselt und blinkt, verläuft in schnell sich vertiefenden schwarz-grünen düster-transparenten Schatten und mit Unterbrechungen das ganze Ufer entlang. Diese bringen durch prächtige Strahlen horizontalen Feuers, die durch die Bäume auf das Gras fallen, während die Sonne versinkt, Effekte hervor – immer absonderlicher, immer herrlicher, überirdischer, reicher und blendender.

Li Tai-bo

Gedenkspruch zu einem Festgelage in einer Frühlingsnacht

Himmel und Erde – ein Gasthof sind sie für die unendliche Vielfalt der Dinge. Die fliehende Zeit – ein Reisender ist sie in der Flucht der Jahrhunderte. Und das Leben – ein Traum! Die Freude – ein Augenblick!

So wußten sie wohl, was sie taten, die Alten, wenn sie fakkelschwingend durchschwärmten die Nächte. Und winkt uns nicht jetzt der Frühling mit sanftumschleierter Anmut? Bietet uns nicht die Erde Formen und Farben in Fülle?

Im Pfirsich- und Pflaumengarten fanden wir uns zusammen und teilen die Freude nun brüderlich herzlicher Worte.

Feinfühlend seid ihr und geistvoll wie Hsje Hue-ljän, der Dichter; als Dichter beugen wir uns nur vor Hsje Hue-yün, seinem Bruder.

Noch ist das tiefe, das stillere Glück des Schauns nicht zu Ende genossen, da schwingt das Gespräch sich schon hoch zu den hellsten, den reinsten Höhen. So laßt am prächtigen Mahl uns erfreuen inmitten der Blumen, die Becher schwingen und uns berauschen am Strahlenglanze des Monds.

Wie aber sollte ein edler Gedanke sich künden, fehlte ihm das erlesene Wort? Wem sein Gedicht nicht gelingt, so wollen wir es halten, der leere zur Strafe dafür drei Becher Wein!

Dschuang Dsï

FRAGEN

Des Himmels Kreislauf, der Erde Baharren, die Art, wie
Sonne und Mond einander in ihren Bahnen folgen: wer ist's,
der sie beherrscht? Wer ist's, der sie zusammenbindet? Wer ist
es, der weilt ohne Mühe und alles das im Gang erhält? Manche denken, es sei eine Triebkraft die Ursache, daß sie nicht
anders können; manche meinen, es sei ein ewiger Kreislauf,
der von selbst nicht stille stehen könne. Die Wolken bewirken
den Regen, der Regen bildet Wolken. Wer ist's, der sie her-
niedersendet? Wer ist es, der weilt ohne Mühe und uns diesen
Segensüberfluß schickt? Der Wind entsteht im Norden. Er
weht bald nach Westen, bald nach Osten; bald steigt er auf
als Wirbelwind. Wer ist es, der ihn blasen läßt? Wer ist es,
der weilt ohne Mühe und ihn also daherfegen läßt? Darf ich
fragen, was die Ursache ist? ...

Eva Strittmatter

LERCHE

Die unermüdliche Amsel.
Ihre Schwester, die Drossel süß.
Der heimliche Vogel Pirol
(Der früher von Bülow hieß).
Die drei und die vielen andern:
Der klagende Wendehals
Und die gesegneten Schwalben,
Die Vögel des freiesten Falls ...
Die steigenden Vögel, die Lerchen.
Sie spinnen ihr zwietönig Lied,
Das sie, ein silberner Faden,
Aufwinds und wolkenwärts zieht.
Unterm Liede der schwindenden Lerche,
Im Mai, hab ich einmal gedacht:
Vielleicht ist die ganze Erde
Um der Lerche willen gemacht.

Hermann Hesse

APRILBRIEF

Die eigentliche Blumenzeit dieses Frühlings war regenlos, von den ersten Primeln bis zu den ersten Anemonen und Kamelien war die Erde dürr und staubig und immer wieder vom beharrlichen Nordföhn bestrichen, nachts sah man zuweilen Waldbrände in langen Feuerzeilen die Berge hinankriechen, und es war rührend und mitleiderregend, wie trotz allem aus dem harten starren Boden die Tausende und Tausende der Veilchen, der Krokus, der Blausterne, des Augentrost, der Taubnessel hervorkamen, wie sie die kleinen zarten Köpfchen dem erbarmungslosen Nordwinde hinhielten, trotz allem lachend und üppig in ihrer zahllosen Menge. Nur das Grün hielt sich zurück, im Wald wie auf den Wiesen, einzig der Bambus am Rand meines kleinen Gehölzes wehte mit lichtem jungem Grün.

Der Frühling ist für die meisten alten Leute keine gute Zeit; er setzte auch mir gewaltig zu. Die Pülverchen und ärztlichen Spritzen halfen wenig; die Schmerzen wuchsen üppig wie die Blumen im Gras, und die Nächte waren schwer zu bestehen. Dennoch brachte beinahe jeder Tag in den kurzen Stunden, die ich draußen sein konnte, Pausen des Vergessens und der Hingabe an die Wunder des Frühlings, und zuweilen Augenblicke des Entzückens und der Offenbarung, deren jede des Festhaltens wert wäre, wenn es nur eben ein Festhalten gäbe, wenn diese Wunder und Offenbarungen sich beschreiben und weitergeben ließen. Sie kommen überraschend, dauern Sekunden oder Minuten, diese Erlebnisse, in denen ein Vorgang im Leben der Natur uns anspricht und sich uns enthüllt, und wenn man alt genug ist, kommt es einem dann so vor, als sei das ganze lange Leben mit Freuden und Schmerzen, mit Lieben und Erkennen, mit Freundschaften, Liebschaften, mit Büchern, Musik, Reisen und Arbeiten nichts gewesen als ein langer Umweg zur Reife dieser Augenblicke, in welchen im Bilde einer Landschaft, eines Baumes, eines Menschengesichtes, einer Blume sich Gott uns zeigt, sich der Sinn und Wert alles Seins und Geschehens darbietet. Und in der Tat: Haben wir auch vermutlich in jungen Jahren den Anblick eines blühenden Baumes, einer Wolkenformation, eines Gewitters heftiger und glühender erlebt, so bedarf es für das Erlebnis, das ich meine, doch eben des hohen Alters, es bedarf einer unendlichen Summe von Gesehenem, Erfahrenem, Gedachtem, Empfundenem, Erlittenem, es bedarf einer gewissen Verdünnung der Lebenstriebe, einer gewissen Hinfälligkeit und Todesnähe, um in einer kleinen Offenbarung der Natur den Gott, den Geist, das Geheimnis wahrzunehmen, den Zusammenfall der Gegensätze, das große Eine. Auch Junge können das erleben, gewiß, aber seltener, und ohne diese Einheit von Empfindung und Gedanke, von sinnlichem und geistigem Erlebnis, von Reiz und Bewußtsein.

Noch während unseres trockenen Frühlings, ehe die Regenfälle und die Reihe von Gewittertagen kamen, hielt ich mich öfters an einer Stelle meines Weinbergs auf, wo ich um diese Zeit auf einem Stück noch nicht umgegrabenen Gartenbodens meine Feuerstelle habe. Dort ist in der Weißdornhecke, die den Garten abschließt, seit Jahren eine Buche gewachsen, ein Sträuchlein anfangs aus verflogenem Samen vom Walde her, mehrere Jahre hatte ich es nur vorläufig und etwas widerwillig stehen lassen, es tat mir um den Weißdorn leid, aber dann gedieh die kleine zähe Winterbuche so hübsch, daß ich sie endgültig annahm, und jetzt ist sie schon ein dickes Bäumchen und ist mir heute doppelt lieb, denn die alte mächtige Buche, mein Lieblingsbaum im ganzen benachbarten Wald, ist kürzlich geschlagen worden, schwer und gewaltig liegen drüben noch wie Säulentrommeln die Teile ihres zersägten Stammes. Ein Kind jener Buche ist wahrscheinlich mein Bäumchen.

Stets hat es mich gefreut und mir imponiert, mit welcher Zähigkeit meine kleine Buche ihre Blätter festhält. Wenn alles längst kahl ist, steht sie noch im Kleide ihrer welken Blätter, den Dezember, den Januar, den Februar hindurch, Sturm zerrt an ihr, Schnee fällt auf sie und tropft wieder von ihr ab, die dürren Blätter, anfangs dunkelbraun, werden immer heller, dünner, seidiger, aber der Baum entläßt sie nicht, sie müssen die jungen Knospen schützen. Irgend einmal dann in jedem Frühling, jedesmal später, als man es erwartete, war eines Tages der Baum verändert, hatte das alte Laub verloren und statt seiner die feucht beflognen, zarten neuen Knospen aufgesetzt. Diesmal nun war ich Zeuge dieser Verwandlung. Es war bald, nachdem der Regen die Landschaft grün und frisch gemacht hatte, eine Stunde am Nachmittag, um die Mitte des April, noch hatte ich in diesem Jahr keinen Kuckuck gehört und keine Narzisse in der Wiese entdeckt. Vor wenigen Tagen noch war ich bei kräftigem Nordwind hier gestanden, fröstelnd und den Kragen hochgeschlagen, und hatte mit Bewunderung zugesehen, wie die Buche gleichmütig im zerrenden Winde stand und kaum ein Blättchen hingab; zäh und tapfer, hart und trotzig hielt sie ihr gebleichtes altes Laub zusammen.

Und jetzt, heute, während ich bei sanfter windstiller Wärme bei meinem Feuer stand und Holz brach, sah ich es geschehen: es erhob sich ein leiser sanfter Windhauch, ein Atemzug nur, und zu Hunderten und Tausenden wehten die so lang gesparten Blätter dahin, lautlos, leicht, willig, müde ihrer Ausdauer, müde ihres Trotzes und ihrer Tapferkeit. Was fünf, sechs Monate festgehalten und Widerstand geleistet hatte, erlag in wenigen Minuten einem Nichts, einem Hauch, weil die Zeit gekommen, weil die bittre Ausdauer nicht mehr nötig war. Hinweg stob und flatterte es, lächelnd, reif, ohne

Kampf. Das Windchen war viel zu schwach, um die so leicht und dünn gewordenen kleinen Blätter weit weg zu treiben, wie ein leiser Regen rieselten sie nieder und deckten Weg und Gras zu Füßen des Bäumchens, von dessen Knospen ein paar wenige schon aufgebrochen und grün geworden waren. Was hatte sich mir nun in diesem überraschenden und rührenden Schauspiel offenbart? War es der Tod, der leicht und willig vollzogene Tod des Winterlaubes? War es das Leben, die drängende und jubelnde Jugend der Knospen, die sich mit plötzlich erwachtem Willen Raum geschaffen hatte? War es traurig, war es erheiternd? War es eine Mahnung an mich, den Alten, mich auch flattern und fallen zu lassen, eine Mahnung daran, daß ich vielleicht Jungen und Stärkeren den Raum wegnahm? Oder war es eine Aufforderung, es zu halten wie das Buchenlaub, mich so lang und zäh auf den Beinen zu halten wie nur möglich, mich zu stemmen und zu wehren, weil dann, im rechten Augenblick, der Abschied leicht und heiter sein werde? Nein, es war, wie jede Schauung, ein Sichtbarwerden des Großen und Ewigen, des Zusammenfalls der Gegensätze, ihres Zusammenschmelzens im Feuer der Wirklichkeit, es bedeutete nichts, mahnte zu nichts, vielmehr es bedeutete alles, es bedeutete das Geheimnis des Seins, und es war schön, war Glück, war Sinn, war Geschenk und Fund für den Schauenden, wie es ein Ohr voll Bach, ein Auge voll Cézanne ist. Diese Namen und Deutungen waren nicht das Erlebnis, sie kamen erst nachher, das Erlebnis selbst war nur Erscheinung, Wunder, Geheimnis, so schön wie ernst, so hold wie unerbittlich. –

Christian Morgenstern

DAS WUNDER EINES BAUMES

Wer die Welt nicht von Kind auf gewohnt wäre, müßte über ihr den Verstand verlieren. Das Wunder eines einzigen Baumes würde genügen, ihn zu vernichten.

Robert Walser

Die Arbeiter

Es war ein warmer Vorfrühlingstag. Das Wetter war schön und mild. Die ersten gelben und blauen Blumen zeigten sich im Grünen. Die Sonne lächelte freundlich und der Himmel glich in seiner süßen Bläue einer blaugekleideten, liebreizenden Prinzessin. Ein frischer, heiterer Wind strich über die jugendliche, frohe Erde dahin. Die Welt war wie neu geboren, alles war wie aufgerissen, als habe sich eine unendliche Weltfreiheit und ein unendliches Erdenglück geöffnet. Liebe, Sehnsucht und Freiheit schienen wie selbstverständlich, und alle Aufrichtigkeiten, Schönheiten und Offenheiten traten zutage. Die Nacht und die Müdigkeit schienen auf immer verschwunden. Holder, süßer Frühlingssturm, reizende Ahnung, seelenvolles Drängen brausten aus allen Richtungen über die Häuser und Felder, die den göttlich-scheuen Hauch und Anstrich des Glückes ohne Namen besaßen. Und niemand arbeitete, niemand nahm ein Werkzeug in die Hand, niemand ging an diesem Göttertag, an diesem Wundertag zur Arbeit. Es ging ein Ruf durch die ganze weite helle Welt: »Legt jetzt die Arbeit nieder!« Mäuschenstill und wie am Sonntagmorgen war es, wo schöngekleidete Mädchen, mit der Sonntagswonne in der lieben Brust, feierlich spazieren. Eine stumme, gewaltig schöne Kirchenmusik, eine Liebesmusik und eine Freiheitsmusik, eine Freundschafts- und Verbrüderungsmusik tönte und klang daher mit Wogen, hoch hinauf in das Entzücken und in die freudige Begeisterung geschleudert und hinabgeworfen wieder, in ebenso schönen, kraftvollen Wellen, in alles Weiter- und Weiter-Ergreifen. Die ganze Welt war von Liebe und Güte und süßer Duldsamkeit

so stark ergriffen, daß es keinerlei Fremdheit und Unfreund-
schaft mehr gab, daß die Menschen einander unter freiem
Himmel und ohne daß sie sich näher kannten, an den Hals
fielen und Tränen der Freude über eine solche Seligkeit ver-
gossen.

Ein so bezaubernder Weltgedanke floß und läutete durch
die frohe, aus Mißverstandenheiten und Unbegriffenheiten
auferwachte, auferstandene Welt, daß zahlreiche gute, liebe-
überflossene und freudeüberströmte Leute betroffen, still, an
der Erde, neben eines Flüßchens bescheidenem Rand saßen
und standen und in ihre gänzlich benommene, übergossene
Seele hinabweinten. Viele jubelten und schluchzten vor Lust
und rangen vor Glück die Hände. Ein wunderbares Beten
strömte über alle Lippen, und niemand, niemand arbeitete.
Es hätte niemand mehr arbeiten können, und alle nicht mehr
arbeitenden Menschen begriffen einander. Es gab keine kalte
Scheidewand mehr, es gab keine Verständnislosigkeit mehr, es
gab keine Entfernung und keine Fremdheit mehr. Alles war
nah, alles war offen, und jede Frage war beantwortet, und jedes Rätsel war gelöst, und alles Leid war verschwunden. Und
niemand arbeitete. Aus allen Gegenden strömten die Arbeiter
herbei, harmlos, wie sanfte, gute, kleine Kinder, die an der
Elternhand vors Haus traten, um den freundlichen Nachbar
zu besuchen! Kein Arbeiter arbeitete; keiner von den müh-
seligen Millionen, die immer arbeiten, die immer tagewerken,
arbeitete an diesem schönen Tag. Gott im Himmel, du All-
mächtiger, ich sehe ein, daß ich träume. Solch ein schöner Tag
darf ja nur ein Traum sein. Daß doch alle Menschen glücklich
wären. Daß es keinen Unglücklichen gäbe. Daß die Welt frei
sei. Daß das Leben gut sei.

Eduard Mörike

IM PARK

Sieh, der Kastanie kindliches Laub hängt noch wie der feuchte
    Flügel des Papillons, wenn er die Hülle verließ;
Aber in laulicher Nacht der kürzeste Regen entfaltet
    Leise die Fächer und deckt schnelle den luftigen Gang.
– Du magst eilen, o himmlischer Frühling, oder verweilen,
    Immer dem trunkenen Sinn fliehst du, ein Wunder, vorbei.

ANHANG

Nachwort

Genau genommen sind es nicht mehr als zwei Töne, zwei schlichte Töne, die aus den kahlen Ästen der Bäume in den Vorgärten gesungen werden. Es ist noch kalt, der Himmel ist noch grau und die Sonne kommt auch am Mittag noch nicht weit über die Dächer hinaus; aber ... es liegt was in der Luft. Man nimmt es erst so richtig wahr in dem Moment, in dem man diese zwei Töne hört: den ersten Gesang der Kohlmeise. Er ist einfach und kunstlos, markiert aber den Anfang vom Ende einer Macht, unter der wir für eine gefühlte Ewigkeit die Köpfe in die Mantelkrägen geduckt haben.

Vermutlich ist er schon seit der Frühgeschichte der Menschheit das Signal dafür, dass man überlebt hat und jetzt wieder hoffen kann. Vermutlich beweist er, dass der zivilisierte Mensch immer noch mit den Vorgängen in der Natur verbunden ist, denn diese beiden Töne finden nicht nur ihren Weg durch den Straßenlärm an unser Ohr. Sie haben von dort auch seit unvordenklichen Zeiten einen unmittelbaren Zugang zu tiefer liegenden Schichten.

Was sie dort auslösen, lässt sich mit dem etwas altmodischen aber trotzdem treffenden Begriff Frühlingsgefühle nur grob umreißen, äußern sich diese doch in ganz unterschiedlichen Symptomen, die sich noch dazu gegenseitig beeinflussen. Da ist ein kaum zu unterdrückendes Fernweh, das einhergeht mit dem Wunsch, alles stehen und liegen zu lassen und auf und davon zu gehen. Da ist eine große Bereitschaft, sich durch beliebige Anlässe ablenken zu lassen, um in Tagträumereien der unterschiedlichsten Art zu versinken. Da ist die Tendenz, sich zumindest für Augenblicke in Erscheinungen der Natur zu verlieren, und verbunden damit die Ahnung, dass es irgendwo einen tieferen Sinn im Leben geben müsste. Viele entdecken auch ihren Sinn fürs Poetische und vermuten Zauberhaftes, ja Wunderbares hinter den Erscheinungen der Wirklichkeit. Das am weitesten verbreitete Symptom ist jedoch bei Männern wie Frauen gleichermaßen eine erhöhte Bereitschaft sich zu verlieben.

So unterschiedlich diese Symptome auf den ersten Blick erscheinen, es lässt sich dahinter doch eine Verwandtschaft vermuten – eine gemeinsame Herkunft etwa. Es ist gut möglich, dass sie dem gleichen Ort in uns entspringen. Nennen wir ihn unsere Mitte und stellen wir uns vor, dass dort all die Sehnsüchte, Hoffnungen, Träume und Wünsche aufgehoben sind, die wir niemals mehr zu haben wagten. Es gibt dort all diese zauberhaften Bilder, die wir mit Kinderaugen gesehen haben. Es gibt dort nie wiedergefundene Gedanken und Gefühle, in denen wir zu Hause waren, bevor uns der sogenannte Ernst des Lebens eines Schlechteren belehrte. Und es gibt dort den unterirdischen Strom unserer jungen Liebe, von dem wir uns seither tröpfchenweise nähren. Vor den Fakten, Sachzwängen und Argumenten der Realität verborgen, lebt und überlebt an diesem Ort ein sehr besonderer Teil von uns. Realistisch denkende Menschen nennen ihn gern etwas abschätzig »romantisch« und obwohl die meisten von ihnen nur ein umgangssprachliches Verständnis davon haben, treffen sie damit doch den Nagel auf den Kopf.

Sonderbarerweise nämlich finden sich all unsere, vom Gesang der Kohlmeise ausgelösten Frühlingsgefühle in jener europäischen Geistesbewegung wieder, die zwischen 1790 und 1830 den empfindenden und fühlenden Menschen in den Mittelpunkt rückt. Sie thematisiert all die Punkte, die durch die Verstandesbetonung der Aufklärung und durch die ansetzende Entzauberung der Welt in der Industrialisierung verlorenzugehen drohten: allen voran die Liebe, das Gefühl, die Schönheit der Natur, das Wunderbare und Zauberhafte, das Traumhafte und die Poesie.

Darüber hinaus stehen all diese Punkte auch noch für die Suche nach einem Naturverhältnis, das Mensch und Natur als eine große Einheit versteht – jene Einheit, von der uns vielleicht eine Ahnung überkommt, wenn wir im März an einer Fußgängerampel stehen bleiben und mit geschlossenen Augen die Nase in den Himmel heben, weil diese ersten warmen Sonnenstrahlen so unendlich gut tun. Kann sein, dass uns dann wie Jean Pauls Firmian Siebenkäs mit der Sonne am Himmel eine zweite Sonne in der Seele aufgeht. In diesem Fall liegt es nicht nur an steigenden Temperaturen und Hormonschwankungen, wenn uns warm wird ums Herz und wenn uns von dort ein großes Gefühl aufsteigen will – so eines, das ein bisschen Angst macht, weil wir nicht damit umgehen können. Man kann uns dann gerne als Romantiker bezeichnen, denn es ist dieses Gefühl der Verbundenheit mit der Welt, dem Leben und der Natur, das die Romantiker als Liebe bezeichneten. Romantische Liebe – der Frühling bringt sie an den Tag, und es gibt keinen Grund sie zu verbergen.

Ist der Frühling demnach grundsätzlich eine romantische Angelegenheit? Sicher nicht für alle. Aber es ist durchaus möglich, dass dieses Empfinden zu den normalen Reaktionen des Menschen in der entzauberten Welt der Moderne gehört. Und vielleicht ist es ja auch für durch und durch rationale Geister nachvollziehbar, dass es genau dann in uns erwacht, wenn auf den Wiesen, in den Wäldern, in den Gärten, ja sogar in den Blumentöpfen etwas Wunderbares vor sich geht. Es versetzt uns jedes Jahr von Neuem in Staunen; es verwirrt uns mit seiner durch nichts zu überbietenden Pracht, die jeden einigermaßen sensiblen Sinnesapparat überfordert: Farben, Formen, Düfte – die Sensationen explodieren geradezu. Hinzu kommt der bezaubernde Gesang der Vögel. Er tönt uns in diesem Buch aus nahezu jedem Kapitel entgegen, weil kaum jemand über den Frühling schreiben kann, ohne von ihnen zu schwärmen. Kaum jemand kann überhaupt über den Frühling schreiben, ohne zu schwärmen, ohne zu staunen, ohne in einer Sprache zu schwelgen, die poetisch ist, wortreich und ausdrucksstark und voller Bilder. Wie auch sollte man dieser verwirrenden Pracht mit einer normalen Sprache Herr werden?

Es sind in dieser Sammlung beileibe nicht nur Romantiker vertreten. Eichendorff, Novalis und Bettine von Arnim sind nahezu die Einzigen, die zum harten Kern der romantischen Bewegung gehörten. Es dürfte aber kein Zufall sein, dass ihre Werke nicht nur Zeitgenossen des 19. Jahrhunderts beeinflussten. Ihre Wirkung zeigt sich vielmehr bei Autoren der unterschiedlichsten Couleur bis in die Gegenwart. Wenn Peter Kurzeck etwa davon träumt, beim ersten schönen Wetter auf und davon zu gehen, dann zeigt er sich als Nachfahre jenes Taugenichts, dessen Abenteuer seit fast 200 Jahren zur Weltliteratur gehören. Und wenn Schriftsteller bis heute beim Anblick des ersten Veilchens, des ersten Schmetterlings, der ersten aufbrechenden Blüte ins Schwärmen geraten, und wenn es bis in unsere Tage LeserInnen gibt, die ihr Herz daran erwärmen können – vielleicht kann man dann hoffen, dass die Welt doch noch nicht so ganz verloren ist.

Es gibt keinen Zweifel: Der Frühling ist die schönste Jahreszeit! Bleibt allerdings noch ein Problem, das wir alle mit dem Frühling haben: seine Vergänglichkeit. Die Krokusse, die Primeln, die Tulpen, die Magnolien – so schnell sie kommen, so schnell verblühen sie auch wieder. Da besteht für so manchen akute Gefahr, im Angesicht der herrlichsten Kirschblüte in tiefe Melancholie zu verfallen. Abhilfe weiß hier die Philosophie der Lebenskunst, und von ihrer Warte aus gesehen ist der Frühling ein einziges Plädoyer für ihre wohl wichtigste Regel: Genieße den Tag. Niemals gibt es einen besseren Grund dazu als jetzt in dieser Zeit, in der uns jeder Tag daran zu erinnern scheint, welches Glück es ist, auf der Welt zu sein.

Günter Stolzenberger

Quellennachweis

Bettine von Arnim
Keine schönere Freuden (Auszug) 16
Aug' in Aug' (Auszug) 45
In: Goethes Briefwechsel mit einem Kinde. © 2008
Deutscher Taschenbuch Verlag, München

Günter Bergsohn
Der Frühling kommt 117
Originalbeitrag. © 2012 Günter Stolzenberger, Frank-
furt am Main

Ulrich Bräker
Der Mai 13
In: Sämtliche Schriften. Hrsg. von Andreas Bürgi u. A.
Dritter Band: Tagebücher. Verlag C. H. Beck, Mün-
chen 1998

Jean Anthèlme Brillat-Savarin
Die Entfettungskur (Auszug) 150
In: Physiologie des Geschmacks. München 1962

Hilmar Büchner
Der Wind wirft Wolken in die Helle 122
In: Die zehnte Muse. Hrsg. von Vera Bern. © 1955
Otto Elsner Verlagsgesellschaft, Darmstadt